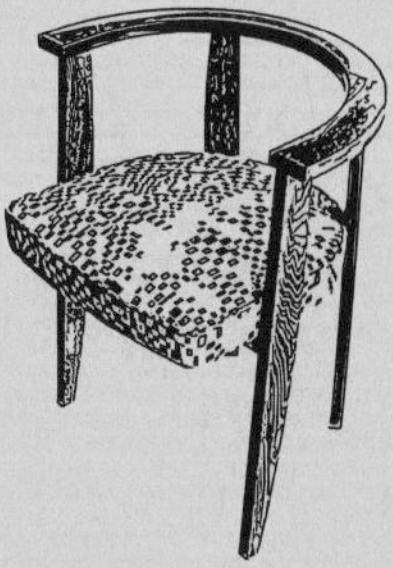

自分を躾《しつ》ける

加藤ゑみ子

Discover

はじめに

丁寧で親切、相手の気持ちのわかる人は誰からも愛されます。どの職場でも家庭でも、専門的なスキルに加えて、優れた人間性を持つことが期待されています。それは誰かに教えてもらうことではなく、自分を自分で躾けることでしか身につきません。

人は毎年、歳をとりますが、年齢が重なれば自然に大人になるのではなく、誰かが大人にしてくれるわけでもありません。大人になろうと努力して、自分の力で大人になるのです。社会人となり、職業を持ったり、役職で呼ばれるようになっていく過程で自分で自分を躾けていくのです。自分で躾けて大人になるのです。人は、躾によって、大人に成長していきます。

昔の日本人は礼儀正しく、丁寧で親切、清潔好きで勤勉で賢かったと言われています。これは躾がよく行き渡っていたということです。子どもは大人の真似が大好きですから、子どもを躾けるには、良い大人を真似させればよいでしょう。では大人はどうでしょう？

実は大人も、「感染」の力を利用するのが極めて有効な方法です。自分が率先して躾の良い大人になれば、必ず周りも躾の良い大人になります。

大人の躾は子どものように親に頼るわけにはいきません。大人の躾は自分で行うものです。年齢に関係なく、何歳からでも躾けられます。他人の力を借りずに、自分の力で変わることができます。

なぜならば、大人の躾は、「生活の習慣を変える」ことによって比較的たやすくできるからです。さらには、自分で「生活規範」をつくることによっていっそう磨かれ、洗練された人となっていけます。

では、自分を躾けるための「生活習慣」とは、どのようなものか？

洗練された人となるための「生活規範」とは、どのようなものか？

それをまとめたのが本書です。職場での振る舞い方からプライベートな時間まで、どのような日常生活を営めば、たやすく自分を躾けられるかを考えてみました。自分で自分を躾けるための手引き書と考えてお試しになれば、極めて有効です。

まずは躾が良いというのはどういうことかを、知っておく必要があります。

もっとも重要なのは、それは自分が思うことではなく、他人が感じるものだということです。他人の目に「躾が良い」と見えるということなのです。

つまり、躾は、なりたいという切なる「思い」によって身につくのではなく、「良い躾が身についている」ように見える「振る舞い」をすることによって、身についていくものなのです。美人に生まれなかったとあきらめず、美人に見える努力をし続けることによって、「美人に見える」ようになるのと同じです。

「良い性格と思われる」「見た目が美しく整っている」「人当たりが良く、コミュニケーションが自然で上質」「豊富な生活技術の魅力を感じさせる」など、「生活習慣」をレベルアップして、無理なく自然体で行っているように見えるまで、修得しましょう。

身体と精神は一体のものですから、ときどき失敗しつつもこれを怠らなければ、心身ともに可動域が広がります。そして、自分が少しずつ変化していくさまに、心地よさを感じるようになります。自分だけにとどまらず、それが周りにも感染して、居心地の良い環境が生まれ、さらに洗練され磨かれていくことでしょう。

加藤ゑみ子

自分を躾ける◎もくじ

第1章　性格を躾ける

第2章 美しさを躾ける

こぎれい、こざっぱりと、身だしなみを整えましょう 086

美しい外見 その❶ 身だしなみ

第3章 健康美を躾ける

第4章　生活技術を躾ける

生活技術 その❷ 住空間

住空間が人を育てます 166

第5章 コミュニケーションの技を躾ける

コミュニケーションの技 その❶ 会話の基本

コミュニケーションの技　その③　課題への対処法

自分を低くしないように注意しましょう　240

コミュニケーションの技　その④　絆を深める

友情、そして博愛は、現実的に可能です　258

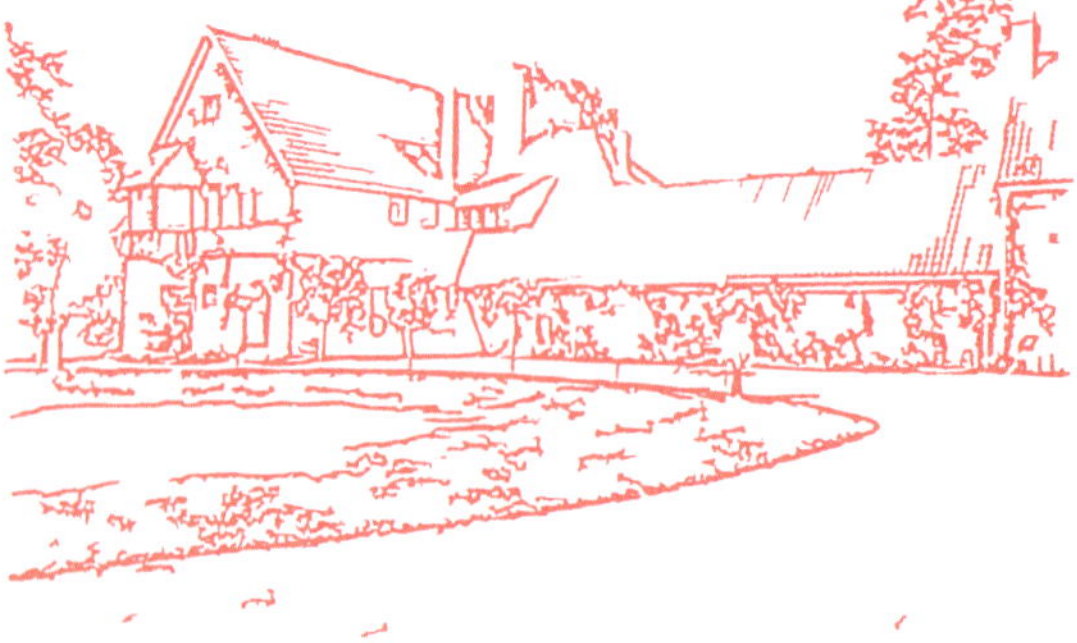

第6章 生活規範を躾ける

第1章
性格を躾ける

性格は持って生まれたものもありますが、ほとんどの部分は、成長する過程での習慣によってできあがっていきます。実は、性格と言われるものの大半が、習慣によって身についたものだったのです。

持って生まれたものは簡単には変えられませんが、習慣によって身についたものなら、習慣を変えれば変えることができるはずです。つまり、性格も、習慣が変われば、変わるのです。


最初にどんな性格に躾けるかを自分で自分に言い聞かせましょう。そして、その性格をつくる習慣を知ります。身につけるべき習慣を心に決めたら、在りたい性格を目指して毎日繰り返します。同じことを繰り返すことが上達する秘訣であり、トレーニングの意味です。

今まで思い込んでいた「私ってこうなんです」という自分を忘れて、これからつくり上げる性格の素晴らしさだけに集中して、新しい習慣に馴染んでいきます。それを繰り返すことで身についていくのです。

今まで思い込んでいた「自分像」が、生まれつきのものではなく、環境と習慣によってできあがっていたものだと気づけば、良い性格に躾ける気にもなるはずです。

本気で良い性格になってしまいましょう。

良い性格になれば、心身ともにパワフルに変わります。環境も自然に変わります。周りの人びとのあなたに対する接し方も変わります。起こる出来事も変わります。

そのようにして、良い性格が身につけば、それが自分自身です。


では、良い性格とはどのようなものでしょうか？

私の定義は、次の七つです。

「鷹揚で、素直で、誠実で、丁寧で、優しさを持ち、辛抱強く、楽しさを人に与える」

本書では、まずこの七つが身につくように、自分を躾けていきましょう。

良き性格　その❶　鷹揚

鷹揚な振る舞いを学びましょう

大様（落ちついてこせこせしていない）、鷹揚（落ちついてゆとりがあり上品な）、おっとり（こせこせしないでのんびり）、おおらか（心が広く伸び伸びしている）……。まず目指したい人柄です。

そう簡単に性格を変えることはできませんが、次の行為をし続ければ、少なくとも鷹揚に見えるようにはなります。そして、もし他人が、あなたを見て「鷹揚な人だ」と感じれば、あなた自身もその気になります。鷹揚というレッテルが貼られると、人はあなたを接しやすい人だと感じ、あなたも、らくな気分で人と接することができるようになるでしょう。

11　褒められ上手

鷹揚な性格をつくる習慣の最初は、褒められたときの振る舞いです。

褒められたら、素早く感謝と喜びを表現し、決して照れない、否定しない、拒まないことです。

「それほどでもない」などと謙遜せず、褒めてくれた人を敬います。

「恐れ入ります」「有り難う存じます」「そう言っていただけて嬉しゅうございます」などと受けます。

周りに同輩がいた場合は、「みなさまに助けられて」とか「みなさまとご同様に」とか「足を引っ張らないよういっそう努力致します」などの気遣いができれば優秀と言えます。

ゆめゆめ「私っていつも褒められるの」などと言わないことです。

2

肯定する

相手の話には、目を合わせて笑顔を返します。笑顔は「私はあなたの敵ではない」と、相手に感じさせるからです。そして、相手の言うことを肯定します。

「なるほどそれも一案ですね」「そういうこともありますね」「そうですね」とゆったり答えます。好感が持たれて誤解のないひとことを返せたら最高です。

相手に軽んじられたり、遠回しに否定的なことを言われることもあるでしょう。どのような場合でも相手からの扱いに平気でいられるようになることがゴールです。

たとえ見下されても反応しない、自分のことではないと思って気にしないことです。否定されることを言われても、そんなこともあるだろうと受け止め、忘れます。何事もありのままに受け止め、ときに、自分にも非はなかったかと反省しても深刻にはならないことです。感情で受け止めず、相手の都合だと聞いておきましょう。

自分に対することはすべて良いほうに解釈するか、否定されても励みとするのが得策でしょう。

3 物怖じしない

初めてのことや場所、いかなるときも、物怖じせず、文句を言わず、堂々と毅然としていたいものです。そのためには、知る知らないにかかわらず、とりあえず誰にでも、はっきりとしっかりと、自分から挨拶することです。

- 迎える　「いらっしゃいませ」「ようこそ」
- 初めて　「はじめまして」「よろしくお願い致します」
- 再会　「お元気でしたか」「お元気そうで」「お目にかかれて嬉しい」
- その他　「いかがですか」「よろしいでしょうか」「お願い致します」「恐れ入ります」

気の利いたことを言おうとするよりまず当たり前のことをしっかり言えるようになることです。挨拶がまともにできれば、後は堂々と振る舞えます。相手が返してくれないときは気がつかなかったのだと気にしないことです。

パーティなどでは、さっき挨拶したかもしれないと思っても何度でも会釈します。にっこりですべてを解消。記憶違いの失礼をまぬがれましょう。

4 境遇の変化に動じない

境遇が大きく変わったとき——いい状態から良くない状態への変化であれ、逆に無名な状態から有名な状態への変化であれ——人の大きさが表れます。

経済的にも立場的にも恵まれた境遇にあれば鷹揚としていることはさほど難しくありませんが、たとえば失脚、倒産、発病、離婚など、急に境遇が変わったらどうでしょうか？　そして、誰にでもそういうことは起こり得ます。そのとき冷静な対応ができるよう日頃から心構えを持っておくことが重要です。当然、あなたに対する周囲の視線、扱いは変わるでしょう。そうした変化を感じても動じず、そのままに受け止めます。

逆に、事業の成功、出世、結婚などで、境遇が大きく良い方向に変わることもあるでしょう。その場合も、周囲のあなたに対する振る舞いは変わります。けれども、相手の態度に変化を感じても、自分は変わらない。人との間の温もりを変えないことで気品が伝わります。

5 競争心から解放されている

他人と自分は別もの、互いに別のプラス面を持っており、目指すものも違います。お手本にすることはあっても、競争は無意味です。競わせてメリットを出したい人が仕組んでいることにすぎません。

自分のレベルを知りたくて相手をライバル視するのも無駄です。競争好きな人は自分との競争に負けないよう自分磨きに励みましょう。

冷ややかでコンプレックスの強い人は、競争心旺盛になりがちです。反撃するのは、自分を優位な立場に置こうとするから。冷ややかで高飛車に振る舞っているのは、そのほうが「上に」見える、知的に見えると、思っているからです。

しかしそれも、誰かを真似て身につけてきた習慣でしょう。直す気があれば直ります。どうせ真似するのなら、お人好しに見えても温かい人を真似したいものです。

6 感情のセルフマネージメント

人前で興奮しないように注意しましょう。高い声は自分にも刺激を与え興奮します。低めの声でゆっくりと話せば、感情は沈静します。

不愉快さはやりすごし、反応しません。メールなどの場合は必ず見直して、感情的な部分を消去すれば落ち着きます。

日記の場合も、一度書いたら消します。残すと後から読んで興奮し、嫌悪感が盛り上がるからです。嫌なこと、不愉快なことを自分の周りから減らす方法は、「残さない」ことです。

良いことを書いた日記を残しましょう。自分に穏やかな環境を与える努力をしていれば、自然に鷹揚になります。

7 名誉とプライドを守る

どちらも自分自身の内面にあるものですから、誰からも侵されるものではありません。自分の立ち位置と自分が生きていくうえで守りたいものを自分で守っていれば、なくすことも侵されることもないわけです。

まず自分が自分を好きでいることです。反省や努力で磨きをかけるとしても、常に今の自分を認め、守ることが、鷹揚でいられる基本です。

いつでも等身大の自分にプライドを持つことです。さらに、他人や社会から認められるのも名誉なことです。その名誉を喜び、大切にします。

良き性格　その❷　素直

素直さには、たくさんのメリットがあります

素直というのは、人のいいなりになったり、何でも真に受ける（マスコミ、ＳＮＳなどの情報なども含め）ことではありません。他人の意見をよく聞くこと、そして心を開いて受け止めることです。

物事を頑固に意固地にとらえていると、まったく進歩することがありません。ひねくれた気持ちがなく、素直な心になっていると、楽しいことを見つけやすく、目的に合った情報も入りやすくなります。

人間性の向上には感性を磨くことが必要ですが、そのためにも素直さは大切です。

背伸びせず自分のありのままを飾らずに認めましょう。心を閉ざさず多くを受け入れましょう。

8 親の愛情を受け止める

しっかり受け止めれば、愛情は成長の糧になります。私たちは、両親の互いの絆があってこの世に生まれ、親を手本に成長して大人になります。ここで、親から何を教えてもらうかではなく、愛情に育まれるなかで自分が何を感じ取ってきたかです。

今の自分を親のせいにするのは間違いです。もし、十分に愛されてこなかったと感じているとしたら、それはただ、気づかなかっただけです。その愛情を思い出すのもよいかもしれません。

愛情は素直な心に伝わりやすいものです。逆らわずに受け止められる人は、愛情を上手に他の人に与えることもできます。

⑨ 伸びやかに進む

目的に向かって伸びやかに進むことだけに、焦点を合わせましょう。何げなく始めた好きなことにも、徐々に目標が見えてくるものです。目的とするテーマが決まっていれば情報もチャンスも向こうから近づいてきます。それを受け止めて試してみることです。難しいとか重荷だとか、はじめは誰もが自分の力不足を嘆きますが、素直に受け止め、続けることで、前に進めます。

人の意見を聞いたり、お手本として見習ったりすることは、自分をなくすことではありません。誰もがお手本を真似たり意見を取り入れて、自分というものをつくり上げていきます。自分がはじめて見つけたとか思いついたということへのこだわりなんて、ちっぽけなものです。一万年以上昔、縄文時代から今日までを考えたら、すでに有るものがほとんどです。

１０ 小さな幸せに感謝する

小さな幸せに感謝できるのは素直だから。自分で幸せをつくり出すことができるのも素直だから。人の忠告に反論せず逆らわず、受け止めてみれば、素直さの心地よさがわかるでしょう。「はい」という返事は、素直さを感じさせる気持ちの良いものです。

自分が変われば周りも変わります。有り難うや笑顔が連鎖するように、素直さも連鎖します。互いが素直に感謝し合うことができれば、良い変化が起きます。

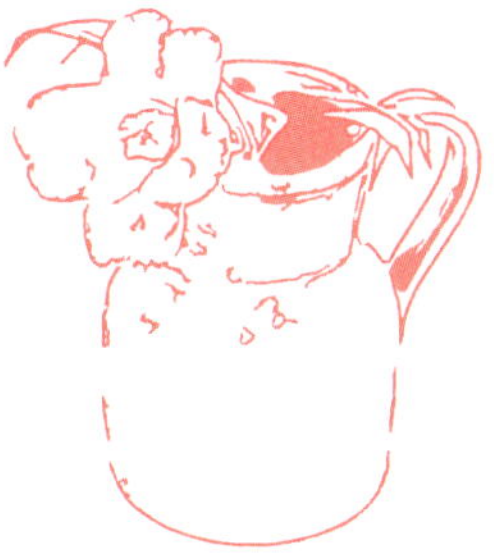

11

客観性を保つ

素直さとは、言い換えれば、自分にも客観的であることでしょう。

つまり、自分に素直とは、**自分を客観的に見る**ことです。何か問題が生じたとき、人を責めていると問題が複雑になります。人のせいにしたり責めたりしないで客観性を持つことです。誰かのせいで失敗したと思う前に、どの点に問題があったかを分析して、それを認め、次に生かすことです。

問題は、自分も周りも客観的に見ることによって解決の糸口が生まれます。つまり、問題解決には素直さがひとつの方法かもしれません。

12

自分自身から自由である

日本は、結構、自由な国です。それでももっと自由がほしいと思うのは「灯台下暗し」、自分というものに拘束されて、自分で自分を不自由にしているのです。自分のこだわりを捨て、自分自身から自由になりましょう。

頑固だと自分を解放することがなかなかできません。それでいながら、その不自由さに気がついていません。

自由自在であることが素直さの特権です。

13

可愛らしい

水が砂に吸い込まれるように他人の言うことを聞く姿に、人は、好感をいだき、可愛らしさを感じます。内面に素直さを保っていれば見た目は大人びていても、つまり可愛らしい外観をつくらなくとも誰もが可愛いと感じてしまいます。本当の素直さは可愛らしさとして伝わります。

飾らずつくらず、純真さを失わないことです。態度も動作も心も「まっすぐ」でいましょう。

14 好奇心を持ち続ける

相手に興味を持ち、旺盛な興味と好奇心で物や時代を探求する姿も、素直さを感じさせます。その好奇心が広がりと深みになり人間性を高める糧ともなります。

感受性が豊かで好奇心が旺盛な人には、失敗もつきものです。けれども、失敗をしない人はいません。失敗した場合は落ち込まず、失敗を引きずらないことです。事実をそのままを受け止めます。それによって、失敗が次に役立つ経験となります。

良き性格　その❸　誠実

誠実さは、信頼されるための手立てです

親からも他人からも友人からも信頼され、あの人の言うことなら、と言ってもらえるような自分を目指しましょう。

誠実さは信頼されるための手立てです。誠実さというのは、人から見た印象ですから、誠実な人と見られなくてはなりません。誠実さを感じさせることができれば、あなたは信頼され、上質な人間関係を築くことができるようになります。

15

有言実行する

どんな小さなことでも、言ったことは実現させることです。その積み重ねによって誠実だと人の目に映ります。小さなことは相手が忘れてくれますが、それでも自分はできるだけ忘れないようにしなくてはなりません。

簡単に言えば、**小さいことでも約束を守ること**です。できないと言わず、できる範囲で取りまとめることです。**結果よりも、相手の納得を得ること**です。

小さなことも文句を言わず一生懸命にやります。ささいなことでも指示に対する報告は必ず行います。面倒なことも引き受けて実現します。面倒なことこそやり遂げます。やり遂げると、自分が進歩するというおまけが付きます。中途半端ではなく、いい加減でもなく、言い訳しないで、積み重ねます。

言うこととすることに一貫性がある（言行一致）と、みんなが安心します。

16

真剣に取り組む

ささいなことでも真剣に取り組みます。関わっている物事のスケールで偉大さを図るのは間違いです。世の中の何に関わるかに価値があるのではなく、今、与えられている役割に全力で邁進することに価値があります。

17 真面目を表現する

嘘や冗談がなく本気であること、真心のある接し方をすることを真面目と言います。マニュアルやルールをひたすら紋切り型に守り通すことではありません。

役目を果たすためには、責任と覚悟を持つ範囲を決めておくことです。身のほどに合った責任と覚悟、つまり、自分が責任の取れる範囲の自由裁量をまずは守ります。できないことは安請け合いせず、引き受けたら精いっぱいやる覚悟を持ちます。そうすればいつも約束を守ることができ、真面目さが光ります。つまり、嘘や冗談がなく真剣で真心のこもった態度の持続ができます。

真面目一方で魅力がないとか、真面目すぎてつまらない、というのは真面目を表現しているうちに、それを売りものにしてしまったからでしょう。真面目な内面を保っていても、楽しいとか面白いとかの魅力的な人間性はなくなりません。ただ、冗談は不向きですから、言わないほうがよいかもしれません。

18

礼節を守る

裏表がなく、やましさがない、つまり礼節を維持します。まずは、陰で言う不満に関わらないことです。自分の考えと違っても、それもまた一つの考えと認めれば、陰口は言わなくてすみます。**嘘をつかず不満に同調せず、**自分の本音を上手に伝えることも必要です。

信頼されていないと嘆く前に、本音で接していれば、あとは礼節を守ることだけで誠実さは伝わります。常にやましさのない、言い訳のない礼儀を持った自分でいましょう。

上昇志向だけが強く、自分中心に考え、優位性を意識しすぎると、相手に対する敬意がおろそかになります。表立って人の役に立つだけではなく、陰で人を支えることができるのが、最高の美しさです。やみくもに目立とうとすると自己本位になり、礼儀（作法）礼節（心を伴って相手へ礼を尽くす）がかすみます。

19 真心で接し続ける

真心とは、物事や相手をいい加減ではなくしっかり受け止め対応することです。ありのままを信じます。相手を信頼していることを自分の真心で精いっぱいに表現しましょう。何があっても、相手を信用し続け、態度を変えないことです。信じて全うすることです。

総論賛成各論反対ではなく、総論に賛成なら総論が成り立つように各論を引き受けて考えましょう。方法はいろいろ変わっても、もとになる考えは変えないことです。簡単に言えば、**自分の気分や体調、事情で相手を振り回さない**ことです。

自信のない人は不安感や不誠実さを感じさせてしまいます。信頼を得るためにも、自分が真心で接しているという自信を持つことが大切です。

20

相手の気持ちを推し量る

相手が知りたいこと、聞きたいと思っていることに答え、ほっとさせます。相手がかなえてほしいことを実行してこそ誠実さが伝わります。

忖度とは相手の気持ちを推し量って相手に配慮することです。そして、相手は自分に対して常に嘘がなく正直でいてほしいと望んでいます。

自分自身も実は嘘をつかず正直なほうが疲れません。

21 正直である

子どものように純真で、自分の思いを正直に言葉にしてしまうのは危険でもあり無防備すぎることです。覚悟を持ち、心が強ければ、気持ちを隠すことなく、誠実に伝えることこそ、美しいと言えるでしょう。

良き性格　その❹　丁寧

丁寧な人柄とは、丁寧な行為の積み重ねです

面倒だとか時間がなく厄介だとかと考えるのは、物事を丁寧に行うことの効果を実感していないからです。

丁寧な気持ち、丁寧な行為は、相手に感染することのひとつです。笑顔の連鎖と同じです。

自分から丁寧に接していれば、相手も丁寧になり、周りも丁寧になります。それによって、丁寧な環境が広がっていきます。

急ぐときほど丁寧に、見落としはないかと注意します。まず、言葉遣いは相手を尊重して丁寧に言葉を選びましょう。

22
簡潔で丁寧なメール

メールは簡潔に丁寧に、返事は早く返します。昔の人は手紙でも、簡潔な表現で、それでいて丁寧な伝え方ができていたようです。

メールもまた、まずは迅速で的確な返事を、簡潔でも相手を尊重した丁寧さで。親しい仲にも礼儀ありです。

23

挨拶は短く

短い言葉で互いに話しかけましょう。顔を合わせたら、急いでいてもまず挨拶をしてから本題に入ります。

知らない間柄でも、譲り合う挨拶、待っているときの挨拶、ご近所の挨拶、通りすがりの挨拶等々、声を掛け合うことが大切です。

知り合いであれば、挨拶だけでなく、近況報告もひとこと加えます。

また、お誕生日をお祝いしましょう。カードとか葉書、メールなどでメッセージを送ると、互いの絆が確認されます。プレゼントは小さな物でもより親しさが増します。カードだけでももちろん、嬉しいものです。

24 整理されたデスクトップ、テーブルの上

今、進めている仕事や事柄に夢中でも、整理されたテーブルやデスクの上で仕事をすると、丁寧な仕上がりになります。

ＰＣのデスクトップが整理されていれば、迅速に仕事が進みます。

仕事を丁寧に正確に行うと、むしろ時間が短縮され、余裕が生まれます。

丁寧さを人に対して行うと親切に見えます。

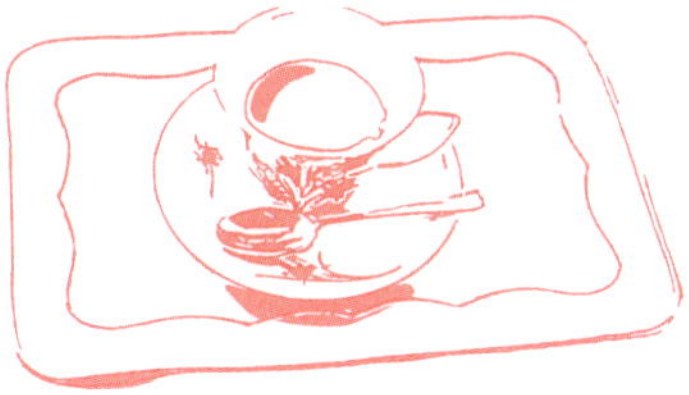

25

お礼は何度でも

お礼の言葉は一度では伝わりません。まずすぐに、それから、時間をおいて、日を置いて、それでやっと感謝が伝わります。そのときだけのお礼は、言ったほうも言われたほうも互いに忘れます。三回言うと伝わります。

有り難うの回数は、多く言ったほうが自分の気分も良くなります。

今日、何回お礼が言えたかは、自分を躾ける小さな目標にできます。

26　日常の作業を丁寧に

お掃除で丁寧さが身につきます。庭掃きは落ち葉の頃は必須です。修行や修養でなくとも気分の良いものですから、お勧めです。銀器を磨くのも床を磨くのも衣類を畳むのも、丁寧に行うことによってこそ、自分自身、快適になります。

着物を着付けるのは丁寧さのトレーニングです。着物はあるけれど手入れが面倒だから着ないという方が少なくないようですが、もったいないことです。着物はしまい込んでいてもお宝にならず、傷みます。着たり手入れしてこそ、お宝です。着るのも畳んだり手入れするのも、習慣になれば、面倒と言う前に片付いてしまいます。習慣づけて、丁寧さを身につけると、自分の周囲が美しくなります。

さらに、食器を洗ったりお掃除をすることには、瞑想効果のおまけがつきます。食洗機があってもたまには手洗いしてみることです。エネルギッシュになれます。

27

丁寧な筆遣い

毛筆の文字は、恥ずかしくなるほど自分を映す鏡です。

急いで雑に書けばそんな自分が現れます。下手とか上手とかより丁寧にバランス良く書くことで、心のこもった字に見えます。丁寧さが感じられます。あとは美文字を覚えられたら、さらに素晴らしいことです。

毛筆での手慣れた筆遣いは、ボールペンでの走り書きのメモにさえも表れます。

28 上質な器を使う

良い食器を扱うことで丁寧さが身につきます。日常の食事は自分で作った料理をお気に入りの食器に美しく盛りつけて食することで、栄養も身につき感性も磨かれます。

食器を、客用と普段用に分けている家庭、区別しない家庭、いろいろでしょうが、いずれにしろ、日常使いにこそ上質な食器を使うことをお勧めします。割れても惜しくない物を使っていると、扱いも雑になるので、感性が低下してしまうからです。

どうせ割れるし、盛りつけも同じと思えたら、内面の豊かさや美意識は養われません。残念ながら、物の扱いを丁寧にする行為が育ちません。

上質な器に出会ったとき、その美しさに気づかなかったり、物怖じして、それなりに扱えないという悲劇も起きます。

29 礼儀作法を学ぶ

マナー、礼儀、作法などの約束事を守ることは、丁寧さの基本を身につけるためのひとつの近道です。マナー、礼儀作法などのルールを覚えて、なぜそうなのかを考えると、丁寧さの基本がわかります。

マナーのある振る舞いの習慣をつけるのは、自分のためではなく相手のためです。**良いマナーは自分が恥をかかないためではなく、他人に恥をかかせないため**です。相手のために丁寧にすることが大切です。それによって、丁寧な人という評価が得られるだけではなく、その丁寧さを受け取った人の気分が良くなります。

さらに、マナーどおりではないことに驚かず事態をカバーすることは、ワンランク上のマナーです。見苦しいことがあれば、見なかった振り、なかったこととして黙って対処します。誰でも失敗するものですから、それをカバーすることこそ素晴らしいマナー。丁寧さの基本と言えます。

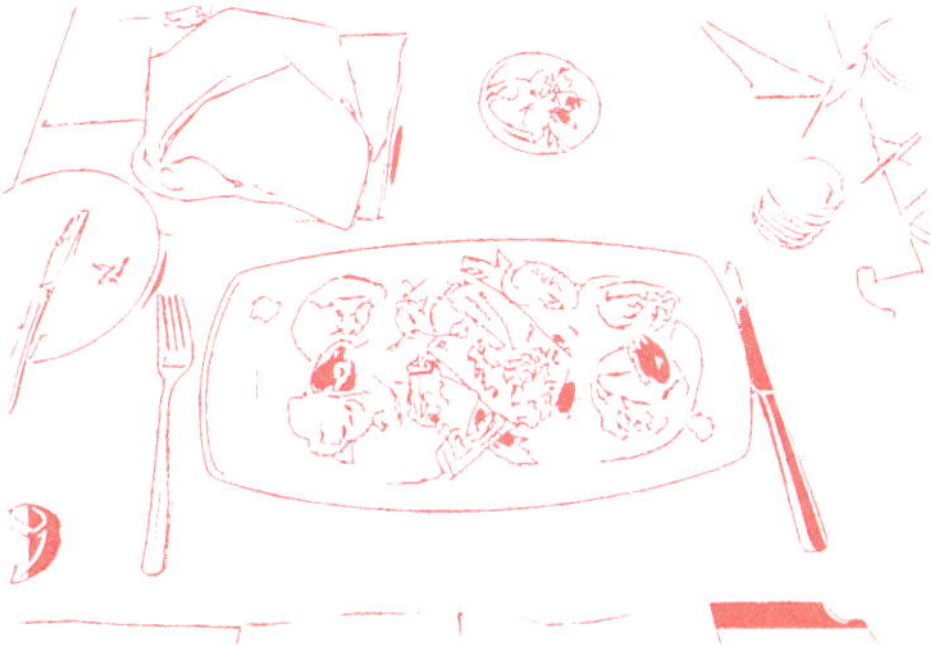

良き性格　その❺　優しさ

優しいと相手に感じさせるには本当に優しくなることです

私たちは誰かのために何かをしています。それをもっと意識すれば自分の存在に自信が持てます。

意識するということは身の回りや自分の行動に関係して、なぜだろうと思うことです。これでよいのかしらと、いろいろな行為を想像することから、優しさが生まれます。思いやりと優しさとは想像力です。

相手に優しく感じさせるには、優しさの振りだけではなく、本気の優しさを表すことが必要です。難しいことではありません。誰もが優しさを持っていますから、それを見せればよいだけです。

30 優しさの表現を知る

優しさをどう表現したいかを意識することから、優しい自分になるという目標への道は始まります。

何に対して優しくするかを決めてください。まず自分に優しくしてみる、これは優しさの練習です。優しさが身につけば余裕が生まれます。優しさを持つと今日一日が変わってきます。

次に、優しさとは何かを知らなくてはなりません。**温かなまなざし、条件なしの親切心、人だけではなく動植物など生き物に対する同情心、無意識に身近な物をいとおしく思う気持ち**などもそうです。

微笑みが自然に現れるのが優しさです。つまり可愛い子犬が近づいてきたら思わず微笑みます。優しい心の表現のひとつと言えます。

31 優しさは言葉

自分の思いを伝えるのは難しいことです。思いがあっても、伝わらなければ、何も前には進みません。思いを的確な言葉にするのが優しさを表す手段です。できるだけ多くの人と言葉で優しさを共有しましょう。

相手の言葉をそのまま受け止めるだけで、優しさは伝わります。感情的に嫌だという思いを持たず、どんなこともひとまず聞いて納めます。相手は聞いてくれたことを優しい思いと感じます。反発せず聞き流すだけでも、相手も自分も優しくなれます。

優しさを表す言葉をたくさん覚えておきましょう。いつでもポロリと出る優しい言葉で誰もが癒されます。

32 良いところに目を向ける

人も物も残念なことだらけです。人は、不幸な出来事や辛いこと、嫌なことを記憶に残します。生き延びる知恵にするためです。その経験は生かす必要はありますが、知恵に置き換えたら、もう用済みです。

それより良いことを残しましょう。良かったこともたくさんあるはずです。良いことだけを語ると優しい人に見えます。人も物も良いところを見つけるようにします。

自己中心的にならなければ優しくなれます。相手をマウンティングして優位に立ちたいと思うより、優しさを共有して、実力を身につけ、良いところをさらに磨きます。

33

思いやりと想像力の関係

思いやりを感じると、同時に優しさが伝わってきます。思いやりは相手の身になって考えればできることとたいていは言われていますが、相手の身になるということは、相手の性格や行動を想像することです。そして、自分以外の人が何を望んでいるかを考えるのはとても難しいことです。

最低限できることは、その場の流れを少しでも想像することでしょう。想像した状況で自分のできることをやってみる（気配りと言えるかもしれません）と、それが思いやりに近いことがわかります。**思いやりには、想像力が必要**です。

34 優しい言葉は究極の親切

優しい言葉は究極の親切です。

優しい思いが余計なお世話にならないためには、他人の領分や立場を配慮したうえで、自分にできる範囲を受け持つことです。手に負えないことに関わると、親切のつもりが迷惑になります。優しさを押し売りしないで親切にしたいとすれば、とりあえず優しい言葉が親切に変わるものです。

その場その場にふさわしい優しい言葉が伝えられたら最高です。

35

余裕が優しさを生む

自分が今やっていることに自信を持ちましょう。自信を持てば心に余裕が生まれ、優しさを感じ、優しさを与えられます。

自分以外の人にどんな優しさを表せるでしょうか。ハンデキャップのある方に何かお手伝いしましょうかと声をかけてしまいがちですが、たとえば、視覚に障害のある方には、今ここにはこんなものがあります、と、現実に見えていることを伝えたほうが有り難い情報なのです。優しさは思いではなく、知性なのです。有能な人は手が空けば人のために役立つことをします。

余裕と優しさは近くに存在します。余裕のない様子を他人に見せて同情を買うより、少しレベルダウン、ペースダウンして余裕を持ってから先へ進みましょう。

36 美しさの連鎖

技術や専門的な分野の進化は、明日には夢が現実に変わるくらいの速さで進んでいます。一方、機械の力に頼りすぎて、私たち自身のサバイバル力はどんどん劣化しているように感じます。情報の多さや不確かな事柄に振り回されて自分を見失いがちです。心身ともに疲れて病む人も増えていると聞きます。

そのとき私たちの心を癒すのは、美しさです。美しいものに助けられて、優しさを連鎖させましょう。美しさで優しさを表現し連鎖させましょう。

良き性格　その❻　辛抱強さ

辛抱強い性格になるのは内面の筋トレが効果的です

人に弱みを見せないために、強情な態度で自分を抑えるのは、いつか爆発する「我慢」です。嫌なことや不満を我慢して、辛い気持ちを記憶するのはやめてください。

一方、希望をかなえ実らせるために必要な「我慢」もあります。夢をかなえる過程では、辛いこと、苦しいと思えることにも耐えなくてはなりません。

何でもすぐ飽きてしまって続けられないのは辛抱が足りないのです。はじめはできなくても辛抱強く繰り返すことによって、やがて能力として実を結びます。方向や目的に間違いがなければ、辛抱強いことによって得られるものは大きいものです。

辛抱はらくではありません。けれども、才能のある人は自分よりもっと辛抱強く積み重ねているのだと思ってください。継続が力になります。

37 辛抱強さの鍛え方

悪いことも良いことも長くは続きません。辛抱もいつかは辛くないことに変わります。辛抱することも我慢することも、ひとつの習慣です。いつかは何でもない習慣に変わります。

健康であること、しっかり栄養をとり睡眠を十分にとれば、辛抱の時間はそう長くはありません。ですから、辛抱する習慣は、スポーツやストレッチングでも鍛えられます。エクササイズを続けていて、もう耐えられないと思ってから、あと何回か、筋肉はスタンバイしているのです。

自分の脳にまだまだと辛抱の可動域を広げるように言い聞かせれば、辛抱強くなります。精神力、体力の限界を見極めるのは、自分自身の知性です。

38

小さな達成感を積み重ねる

辛抱に飽きたら、小さな達成感でリフレッシュします。いくら辛抱強いといっても限界を感じてまで続けるのは無意味なことです。長く続けなければ終わらない場合は、間に軽くフィニッシュできる別なことを挟んで、それで達成感を得ます。そこで再びもとの辛抱すべきことに戻ります。

小さなことで気分を一新すると、もっと辛抱できる強さが得られます。成功を思い描くと、再び辛抱に立ち向かえます。

辛抱は、成功のために必要な、つまり幸せのきっかけです。

39　繰り返す

同じ失敗を学習せずに繰り返すことは無駄ですが、有効なことを繰り返すことは、心の筋トレになります。良いことは、繰り返すことによって洗練されていきます。一生懸命繰り返せば、心に余裕が生まれ、平穏がもたらされます。繰り返す作業は心に安定を与えてくれるのです。つまり心が乱れない習慣を与えてくれます（定力がつくと言います）。

繰り返していくうちに、新しいものを見つけたり知らないことに出会うこともあります。本気で一生懸命に繰り返しているとなぜだか知恵がわきます。

中途半端にやっていると面白くないので愚痴が出ます。いい加減な気持ちで繰り返しているだけだと他人に聞かれたとき、言い訳をしたくなります。言い訳や愚痴を言わない人は、それだけで辛抱強く見えます。

40 辛さを乗り越える

上手に辛抱することを辛抱強いと言います。我慢しないことをわがままと言います。自分だけが辛いと思わないことです。辛抱強い人とは努力を惜しまない人です。何事もコツコツと積み上げることは、実に孤独で忍耐力を要する行為です。

一方、みんなで話し合って決めるのは現代的で、有効な方法です。がやがや大勢で話していると、その場にいるだけで何かが共有されて楽しいから、誰もがそちらを望みます。けれども、ほとんどのリーダーは努力を惜しまず、辛さをひとりで乗り越えた人たちです。楽しそうにひとりで乗り越えた人たちです。

41 粘る

気を散らさないことです。楽しいことを夢想したり、ほかにやるべきことがあるかもしれないなどと気を散らすと、辛抱はできません。

辛抱を疎んじるより、目の前の辛抱すべきことをしっかり受け止めたほうが辛抱の時間は短くなります。

辛抱に熟達すると、そのことが辛抱する価値があるかどうか、別な知恵はないかを考えられるようになります。自分の体力がもつかどうかがわかりますから、無駄な辛抱はしません。

辛抱の初心者は、辛抱を必要以上に辛く感じて、さらに無駄な辛抱をしてしまいます。本当の粘り強さを持っている人は多くのことをやり遂げます。粘り強さを発揮することで、辛抱を楽しいと思えるものに変えて、達成しているのです。

42

単純な作業を続ける

辛い（ばかばかしい）と思えることも、一度やり遂げると辛抱の素地ができます。ご褒美の有無は別として、単純な作業を続けると、その意味が理解でき、辛抱のしがいがあるかないかは別にして、気持ちよさが生まれます。

庭を掃いたり、床を磨いたり、嫌な作業と思いつつ**同じことを繰り返す辛抱が快感に**なります。

作業にかかる時間を短縮するなどやり方の効率を考えたり、そこから得られる多くの気づきによって、辛抱の価値を見抜いてください。

目的をかなえる意志の強さというおまけも付きます。辛抱の素地ができることに加え、どんなときにも役立つ不屈の精神も培われます。

43

意志の力で自分を支配する

他人から認められなくても落胆しないでいられるのは結構難しいことです。自分以外の人からの厚意や励ましを受け、認められることによって、私たちは満足を得、さらなる自信を持つことができるからです。

誰も認めなかったら打ち砕かれるのが普通です。それでも自分を信じ、自分を自分で励まして一歩を踏み出せるのが、最高に辛抱強い性格と言えるでしょう。

辛抱強さとは、自分の意志で自分を支配し、コントロールできる力です。目標のクリアも時間の余裕も、自分の意志の力で支配できます。

良き性格　その7　楽しさ

楽しい性格とはポジティブになることです

心地よく受け止めてもらえ、気分の良い言葉や表現が返ってくると、大したことでなくとも楽しくなります。特に心に不安があるとき、そのことの良い面、期待できる側面を見つけて言葉で返してもらえれば、それだけで不安感が消えて楽しくなります。

楽しいというのは、気分のひとつですから、もともとてもファジーなもの。物事の受けとめ方次第でどうとでもなります。それなら楽しいことにしてしまったほうがよいでしょう。ポジティブな会話は周りも楽しくさせます。

44 前向きに考える

悩むのではなく、考えましょう。

何かお悩みですか？　どちらのお菓子を選んだらいいかしらなど、悩ましいことではありますが、いくら考えても結局は、誘惑に負けて両方食べてしまいます。それ以外の問題が起きた場合は、悩むのではなく「考え」ましょう。

悩むと暗い顔になります。考えると知的な顔になり、良い考えが閃くと、ぱっと明るくなります。

果てしなく暗く悩んでいる限り答えは出ません。悩みに酔ってしまうからです。前向きに考えると、モチベーションが上がって自然に楽しくなり、周りからも良いヒントがもらえます。

45 お金も内面も貯金する

お金のことばかり気にせず過ごしましょう。それでもしっかり貯金は工夫しましょう。お金がない、予算がないから何もできないと、いつも予算に振り回されるのはやめましょう。予算がなくともできる方法を考えます。

とはいえ小さな貯蓄もばかにしてはいけません。ワンコインからでも貯金することは実行すべきです。新札が回ってきたら別なお財布にしまっておきましょう。役立つこともあるのです。コインが貯金箱に貯まったら引き出さない通帳に入れましょう。使わなければお金は貯まります。

同じように感性を磨くことは、自分の内面に貯金することです。**感性が磨かれると大きな貯金になります**。一生の財産になり、お金と違ってなくなることがありません。快楽を味わうために、たとえご褒美などと理由をつけても、そこに使うのは考えものです。むしろ感性を磨くためにこそ、できるだけ予算を使いましょう。

46 ファッション好き

身につける衣装の色や形、清潔さとセンスの良さは、顔や身のこなしに反映します。昼間は明るい色が顔色にも明るく映えます。夜のパーティで暗い色の場合には、素材の艶や輝きで光を補います。夜の輝く素材は清潔感につながります。

明るい性格の人はファッショナブルです。衣装は内面を反映します。ドレスダウンなどによってファッション感覚を外すと、野暮ったいだけでなく、ポジティブな姿勢も揺らぎます。

いい加減なコーディネーションのセパレートではなく、スーツかワンピース、アンサンブルで整えます。セパレートにしたい場合はワンカラーまたはワントーンにすればスッキリします。そのうえでバッグなど小物でアクセントをつけます。レイヤードはセンスの良い人の遊び着です。

47 的確な行動力

行動力とは、大胆な冒険とか向こう見ずな行動をすることではなく、雨に濡れて歩いている人に自然に傘を差しかけられるような振る舞いのことです。謙虚に、何か誰かの役に立つことはないかと、周りを注意して探します。これは贅沢かもしれないと自分の買い物や行為に気を配ると同時に、身近な人にはできる限りの贈り物を考えます。

健康でいることに最大の注意を払います。健康な身体があれば楽しい性格でいられるからです。ポジティブな考え方も容易にできます。健康でいることだけで周りの役に立ち、自分も楽しくしていることができるのです。

天候の変化が与える影響も注意してとらえ、風邪や花粉症、感染症などのニュースを他人事とはせず注意します。実はそれが行動力です。無鉄砲に飛び出すことが行動力ではありません。考えて的確に動きましょう。

48 成功した想像図を描く

いつも楽しいことを考えること。それが楽しい性格のもととなります。まず、自分を楽しませることです。ふと気がつけば笑い顔になっています。笑顔で人に接していると、楽しい人だと感じてもらえます。

たとえばあきらめずに成功した想像図を描きます。成功の図はそれだけで心がワクワクします。常に楽しい気分でいられます。楽しさを演出して自分の気分を十分に上げておき、パワーをたくわえて揺るぎなくなったところで、問題点やリスクをチェックします。

楽しい性格の人は、いいことも悪いことも常に安定したテンションで考えることができます。

49 明るく元気を演出する

楽しいとは明るいことです。暗い話や不愉快だった話はしないほうがいいでしょう。反対に、良かったことや笑えることを明るく話します。今、困っていることも、明るく話せば楽しい出来事に変わります。

笑顔は、元気を演出します。明るい顔をつくります。いつでも心に楽しいことを描いていると、顔がほころびます。挨拶に笑顔、話しかけるときに笑顔、笑顔の印象をみんなに与えます。それだけで、明るいポジティブな人だと思ってもらえます。

批判はせず提案するのがよいでしょう。批判は誰でもできます。それに変わるものを提案できないときは、だまっているか真逆のことを思い描いてみて糸口を見つけます。批判しても元気は出ません。提案するときは、明るく楽しく演出しながら、シンプルに少しだけ言ってみましょう。批判的な意見のほうが強くて、負けそうですが、くじけず自分を強く信じて提案します。

50 輝く瞳と白い歯

目を輝かせること、朝晩よく磨いた白い歯も素敵です。明るい性格は笑顔でわかります。目がきらきら輝いていると、楽しさとその心地よいエネルギーに引き込まれます。目はいつも輝かせておきましょう。

可愛い犬の特徴は、目がまん丸くなって輝いていることです。誰もが可愛いと思ってついおやつを与えたくなったり、抱き締めたくなるのを知っているのでしょう。特にえさが欲しいときは、そんな可愛さで飛んできます。コンパニオンアニマルの特技です。

51

能天気なまでのポジティブさ

どこまで能天気なんだと言われるくらいにポジティブになりましょう。悪いこと、普通にはあまり素晴らしいとは言えないことでも、その中に少しでも良いことの芽があれば、喜びましょう。

はじめはうまくいかなくても何か良い兆しはあるものです。見つけるかどうかなのです。最悪だと思って投げ出せばそれでおしまいですが、自分にできる他の方法を見つけるまでじっくり繰り返し考えると、兆しが見えてきます。

あきらめない、くじけないで、率先してポジティブさを躾けましょう。それがきっと物事を前に進ませる力になります。

第2章
美しさを躾ける

多くの人が、他人を見た目で判断しているのは事実です。見た目の第一印象で、その人のセンスと生活感覚を感じとっています。

美しく見えるためには、常に美しくなる努力を惜しまないことが大切です。美しい人とは美形に生まれた人のことではなく、美形に見える努力をしている人のことなのです。

外見を整えることは、いちばんわかりやすい「自分の躾」です。努力の成果が目に見えるので、励みになります。

美しい外見　その❶　身だしなみ

こぎれい、こざっぱりと、身だしなみを整えましょう

昔から日本人の基本的な身だしなみは、こぎれい、こざっぱりです。特別なときの晴れ着の装いには貧富の差が出ますが、普段（通常）着は清潔で、乱れなく整っていれば、誰でも、素敵だと言われます。

一方で、カジュアルな衣装がすべてのシーンに行き渡っているように見える現代でも、実は、適切なドレスアップが信頼のパスポートとなっていることは知っておいたほうがいいでしょう。いつでも美しいかどうかをまずは自分がチェックします。自己満足？大いに結構です。

52 自分を表現する「衣装」

最近は「衣装」とか「衣裳」という言葉は、特別な舞台衣装、花嫁衣装、変身する（コスプレ）ための特別な衣装を連想させ、日常的には、服装、洋服、和服、着る物という表現が馴染みやすいようですが、自分が身につけるものは、どの場合も、衣装、または衣裳なのです。

なぜなら、それらは自ずと自分を表現し、たとえ本人は気にせずとも、他人はそこから何らかの判断を下しているからです。Tシャツにジーンズであろうが、簡単なサマードレスであろうが、それは自分を表現している「衣装」なのです。

重要な自分自身の表現として、「衣装」という言葉で、着るものを意識しましょう。その意識から身だしなみを整える一歩が始まります。

53 清潔感と上品さ

清潔感と上品さに気をつけてみましょう。汚れのない清潔さはもちろんですが、色や形でも清潔感は表現できます。明るい中間色であれば無難な清潔感の表現になります。濃い色、汚れの目立たない色で清潔感を出すのは難しいのですが、シンプルな形なら、白いブラウスなどを組み合わせることで清潔感を出すことはできます。

家を出て職場に向かう、その道中もすでに職場です。遊び着で職場に向かうのは職場に遊びに行くということです。今の時代にそのような固いことを?と、時代遅れな話に聞こえるかもしれませんが、自分が出演する舞台の「衣装」だと思えば、らくに演出できます。

家を出たら自然にビジネスパーソンらしい言動ができるとしたら大成功。衣装がそういう自分を躾けてくれるでしょう。

行動を意識したお洒落は、上品さを感じさせます。清潔で上品なお洒落で、自分を装いましょう。

54 自己主張としての「衣装」

いつでも自己主張としての衣装を本気で身につけている人はあまりいません。衣装で自己主張するというのは目立つ必要のある職業の人です。どこへ行くのも、お決まりの帽子、同じ種類の衣装という人は、それを看板にして、それを見ればあの人だと誰にでもわかってもらうためです（シグネチャーなスタイル）。

シグネチャースタイルを決めることは素晴らしいことですが、一般には、自由度のある表現がほしいものです。**自己主張より自分が美しいかどうか**を楽しみましょう。

ＴＰＯは、ひと昔前のルールではなく、自分を輝かせるために、そのとき、どんなスタイルにするか、またはアレンジを加えるかを考える手がかりとなるものです。

55

自分に似合うものを知る

衣装が流行に翻弄されていた時代は終わり、自分のほどよいスタイルを決める時代です。時代に敏感に生きている人は、自ずとファッションセンスが今に合ったものになります。よく似合っていれば古いスタイルには見えないのです。

少しだけファッショントレンドを取り入れるなどといった小手先の技では、センスは輝きません。ファッションとは、「感じる。見る。知る。考える」なのです。美しいと感じたらよく見る。どこが魅力かをよく知る。自分に置き換えて似合うかどうかを考える。これを間違えない人がファッションセンスの良い人です。

自分の特徴を知ってスタイルを早く決めた人は、無駄な買いものをしなくてすみます。今の自分のウォークインクローゼット、またはワードローブに整然と入る量の枚数で、ブティックのように見やすく取り出しやすい状態に収まっていると、無駄がありません。スタイルの決まった理想的な在り方です。ハンドバッグや靴などの小物もそれに準じたスタイルの最低限の良質なものだけにします。

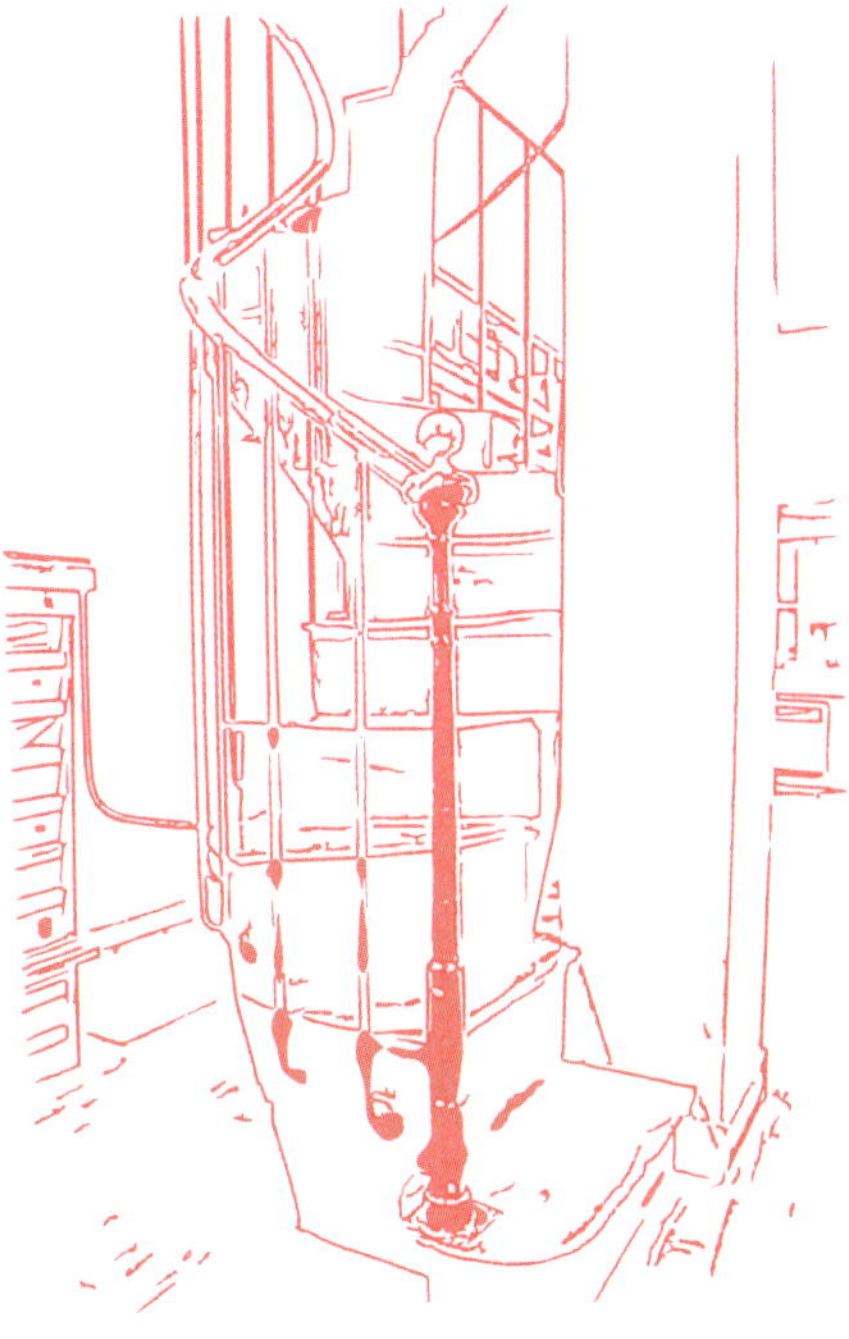

56 自分スタイルのルールを決める

ファッションに興味のある人もない人も多くの人が、ワードローブに入りきれないくらい衣装があるのに、今、着たいものがなくてまた買いたくなるのはなぜでしょうか。これを解消するのは枚数制限をすることではなく、自分スタイルに自信を持つことです。枚数で歯止めをかける前に、スタイルで枠(ルール)を決めることです。

その例として、1ワンピース　2スーツ　3アンサンブル　4セパレート（スーツではなく）のいずれにするか、パンツかスカートかも限定します。

体型は人それぞれです。その体型にふさわしい形と色はそれほど多くはありません。自ずと枚数は少なくなり、そのうえ、いつも似合う装いで決めることができます。

いろいろ着たいという幻想、流行のものを着なければという強迫観念にいつまでも惑わされていると、結局、似合うものに自信が持てる自分を逃してしまいます。

57 似合うコーディネートを工夫する

ファッションはコーディネートが最優先です。高級ブランド、オーダー、古着などの品々がミックスされていても、バランスがよく見分けがつかないことがコーディネートの技です。

すべてを高級ブランドで揃えるのも、質の良い古着をアレンジするのも、考え方次第ですが、どのブランドかを気づかれない上質感を演出できれば成功です。何げなく見えて、どこのブランドかを聞きたくなるようなよく似合ったコーディネーションを目指します。

もちろん、聞きたくなると言っても、決してブランドを尋ねないことが礼儀です（相手がブランドを話したいときは別として）。ひとこと、「よくお似合いですね」と褒めます。コーディネーションのよさが大切なのです。

58 オフのスタイルでこそ自分表現を

普段着やプライベートの衣装は、上質でセンスの良いものにします。自由な自分表現のチャンスでもあります。お出かけ着や通勤着は、出先の場所のこと、仕事のこと、催しのことなど、自分の好み以外の制約を受けるもの。日常、自宅で過ごす時間、オフの自由時間にこそ、自分の好きなもの、自分のための装いをしてみたいものです。

オフだからといって、汚れてもよい古くなったものなどで、取り合わせも無神経にドレスダウンしていると、センスが損なわれてしまいます。上質な大人のカジュアル、奇抜な色合わせの遊び着、庭仕事でも花に負けない個性的な衣装にしましょう。

作業着は機能性だけではなく、良い色のものを選びます。くつろぎの室内着はらくで着心地が良いだけではなく、部屋に合った身仕舞い（衣装）でいたいものです。普段から上質なものを着ることで、衣装が身体に染み込んで上質を着慣れた体型をつくります。

普段着で、お洒落感覚と自分に似合う色柄決めと上質の似合う体型づくりのトレーニングができるのです。

59 いつでもアクセサリーを

小物は、つけ方、扱い方次第で、ドレスアップにも、個性的にもなります。宝飾であろうがコスチュームジュエリーであろうが、重要なのはセンスです。

宝飾はどんなに高価であろうとも、つける人の内面の格との一致がすべてです。つまり、つける人をお金持ちに見せるだけで、その人の格を上げてはくれません。本物の貴石を使っている高価な宝飾であろうと、軽いプラスチックなどのコスチュームジュエリーであろうと、素敵に見える決め手は、センスの良いチョイスとつけ方です。

そのためにはカジュアルなスタイルのときでも、どこにアクセサリーがあればよいか試してつけてみることです。つけ慣れるためには、いつでもつける習慣を持つことです。

60 小物こそ上質な品を

靴や手袋、帽子、アクセサリー、ハンドバッグ、眼鏡、サングラス、時計など身につけるすべての小物の上質感が、つける人の見た目の印象を左右します。豪華であることより、古びていても、フェイクであっても、よいコーディネーションであることが重要です。

手袋や帽子などは着脱して手に持つことがあります。着脱のタイミング、その際の扱い方が見た目に美しく、違和感のないものであるとき、磨かれたセンスを感じます。最近は、帽子の着脱もかなり自由ですが、センスと躾のレベルを見られているかもしれません。

レジ袋やショピングバッグは折角の装いを台無しにします。トートバッグやエコバッグに入れましょう。高級ブティックの大きなショッピングバッグも、車のトランクに入れない場合は配達を頼みましょう。

61

自分に似合う髪型

同じ髪型を続けることは、その人らしさになります。髪質や顔かたちに合った髪型を見つけるのはなかなか難しいのですが、他の人を真似るのはもっと難しい。自分の髪型を見つけて、いつも乱れないように整えていられたら、素晴らしいことです。いっそのことウイッグに慣れるのもよいかもしれません。

装いのポイントは髪型と靴を整えることです。

62 流行と上手につき合う

流行は、昔ほど強烈な力を持っていませんが、それでも、いくつになっても流行は気になるものです。

このとき、ほかの人と同じなら安心だからと、個性をなくす方向ではなく、個性的にセンス良く装うために取り入れるものとして、ファッション情報はいつでもチェックしましょう。

はじめは、自分に合いそうなファッションアイコンのコーディネーション術をよく観察して真似ます。注意することは、そっくりに真似るのではなく「術を真似る」のです。そのためには観察して、原則を見つけることです。自分の体型との関係も忘れないようにします。

それを積み重ねれば、自分らしさに磨きがかかり、素晴らしい個性が生まれます。つまり流行は、そのままではなく自分風にアレンジしましょう。

美しい外見　その❷　姿勢と振る舞い

良い姿勢と振る舞い、所作が美しければ印象は良好です

姿勢が良く、笑顔を絶やさない人は、素晴らしい。それだけで、見た目良好です。身につけている衣装がしわにならず、美しく着こなせます。

良い姿勢は、躾効果の高いものです。悪い姿勢が癖になってしまっていても、良い姿勢になるのは自分次第です。気づいたときに姿勢を正すよう繰り返していると、いつの間にか「姿勢の良い」習慣ができあがります。良い姿勢に変わると悪い姿勢がむしろ辛いものに感じられます。

姿勢を良くするのは健康のためでもあります。良い姿勢に変えれば、健康で見た目も美しく整います。小胸筋を動かして鍛えてみましょう。

63 良い姿勢を知る

首筋背筋が伸びていることが、良い姿勢の第一条件です。
下腹部に力を入れて背筋を伸ばします。頭の上を引っ張られているように肩の力を抜き（自然に下がります）、首を伸ばします。デコルテを広げます。背中に天使の羽根が付いているかのように。気分もシャキッとし、衣装にも乱れがでません。

プレタポルテは標準的なサイズですから身体に合わせるお直しをしますが、直さずにプレタの衣装にしわもでない体型になる努力をすることは、恰好の目先の目標になるでしょう。服に身体を合わせるのです。

姿勢が良いと、お辞儀も美しく見えます。日本では挨拶とお辞儀は一体のものです。挨拶をして、その後に続けてお辞儀をします。軽い会釈からしっかり深いお辞儀まで、そのときの状況で変わりますが、姿勢が良いと、どんなお辞儀も美しく見えるのです。

やはり一にも二にも、姿勢を良くすることが先決です。

64 絶えない笑顔と豊かな表情

絶えない笑顔は必須です。笑顔が明るく美しい人は、誰からも好感を持たれます。安心感が感じられるからです。笑顔は相手にあなたの味方ですよと伝えているのです。

笑顔を絶やさないためには、ひとりのときに鏡に向かって微笑みをつくって習慣づけることです。口角を上げる練習と目元に微笑みを浮かべる練習です。

互いに目が合ったら微笑むのは良い習慣です。人畜無害な笑顔をみんなが持てば「笑顔の環境」ができあがります。

いつもの決まり切った笑顔だけでなく、豊かで優しい表情がつくれたら、最高です。

- **優しい温かな真顔**（誠実さと信頼度を上げる的確さの裏付け）
- **喜びの表情**（ご褒美の想像）（感謝の気持ち）
- **楽しさの表情**（内面に楽しさをイメージして）
- **包み込む温かな表情**（そこに可愛い子犬や赤ちゃんが現れたら）

- **明るい表情**（身の周りに美しい物、心が和む物を置いておく）
- **穏やかな表情**（不満を解消しましょう）

良い表情づくりは簡単ではなく、特に困難なときに明るい表情は無理とあきらめてしまいがちです。けれども、頭では難問を解こうとしているときも笑顔でいれば、明るいひらめきが降りてくるかもしれません。

顔の表情は顔の形には関係ありません。どのように美しい人でも不満顔は美人と言えるものではありません。通勤の行き帰り、道端の小さな花でも、他家の庭の季節の花木でも、気分を穏やかにしてくれるものを眺めて、柔らかい表情づくりに励みましょう。

65

温かいまっすぐな眼差し

視線は方向が重要です。素敵な視線とは真っ直ぐで優しい眼差しです。親が子どもを慈しむときの温かい視線です。横目遣い、上目遣いは、どのように美しい人でも避けるべき視線です。

視線と身体の方向、首の方向が揃っていることです。相手の目より少し下方を真っ直ぐに見ます。常に優しい気分でいることで、温かい眼差しをつくることができます。微笑ましい気持ちで見ることです。

一方、後ろにも目を付けていなくてはなりません。人や物にぶつからないためです。これは目で見ることができませんから、気配を感じるとか、後ろを想像することが必要です。人への眼差しだけではなく、物を見るときにも、真っ直ぐで温かい眼差しを視線の基本と考えておきます。

偏見を持たない平等な眼差しがものを正しく判断できる視線です。

66 美しく歩く

姿勢が良いと真っすぐに立つことができ、歩くときの姿勢も崩れません。

姿勢や歩き方が気になる場合は、ショーウインドウに自分を映して歩いてみます。映してみると、その緊張だけでもいつもより美しく歩けます。悪い癖がついているのを直して美しく歩くと、気持ちが弾みます。

上半身は上に伸ばして腰で歩きます。背中が丸まらないようにデコルテを広げて、できるだけ大きい歩幅で太ももの内側に力を入れて、さっさと、でもゆったりと足を運びます。

急いでいても走らないこと。走るのは危険ですが、急ぐ気持ちだけですでに十分危ないのです。

67 落ち着きのある動き

緊急時であっても慌てないことです。慌てるのは、平常心をなくしている証拠です。平常時でも、椅子から立つときに何かを引っかけたり、物を落としたりするときは、内面でどこか慌てている証拠です。注意深く、落ち着いて、急がなくてよいのだと自分に言い聞かせ気持ちを鎮めます。

物を落とせばほかの人に拾わせることにもなります。自分で拾う場合も、美しい振る舞いとはなりません。拾わないですむように、落とさないよう注意をします。そして、もっと大切なのは、人にぶつからないよう注意することです。

68

滑らかで自然な所作

美しい所作は、動きが滑らかで自然です。ゆっくりすぎても、周りに迷惑です。スピードが一定で、手足の動きが滑らかになるように気をつけたいものです。

基本的な身体の動かし方――物を持つ、置く、取る、ドアを閉める、引き出しの開け閉め――そんな日常の動きを見直して、滑らかな動作にするよう練習していれば、外出先でのとっさの場合や、ここぞと決めたい場合にも美しく振る舞えます。

慣れることで、自然な振る舞いになります。何度も同じことを繰り返して、不意の出来事にもゆったりと的確な動作になるまで練習することです。

目標は後ろに目があるがごとくに動けることです。人の前に立ちはだかったり、遮ることになったりせず、後ろ向きに動いても人にぶつからない。それが自然にできたら最高の美しさです。

69

脚を揃える

立つときも座るときも、魅力のポイントは、美しく揃った脚部です。形よりも動作です。美しい動きをしていると、形の欠点が感じられなくなります。何気なく立っているときにも仁王立ちにならず、足と手の位置を意識しましょう。

脚はどちらかの脚を後ろに引き、少し交差させて、わずかに身体を斜めに、腕は下に伸ばし、前で手と手を重ねる――これが基本です。

コントラポストとは動きのある彫刻の形ですが、**体重を片足に掛けて立つ姿勢、S字曲線を意識すると、さらに美しく見えます**。ダンスにはコントラチェックという脚を伸ばす美しいポーズがあります。

座ったときに脚を組むのは長い時間続けないほうがよさそうです。身体を歪める恐れがあります。椅子に座ったときは、足を斜めに揃えてつま先を後ろに引けば背筋が伸びます。

脚を組むのと同様、腕を組むことも避けなければいけません。いかなるときも、たとえ疲れていても、腕組みは避けること。食事のとき、テーブルに肘をついてはいけないのは言うまでもありません。マナーに反するだけでなく、姿勢を崩すからです。

70 丁寧で曲線的な手の動き

物を持つときの手も意識します。物を持つときは片手でしっかり持って、もう一方を添えます。**必ず両手で持つ**ことです。物を落とさない注意のためです。物を落とせば、壊れたり破損がなくとも周りに騒ぎを起こします。

手の動きはあくまで曲線を意識します。美しい手は、人形手、つまり指を揃え少し丸みを感じさせる形です。できるだけ指を広げないように、わしづかみの形にならないことです。

物を指し示すときは、指一本で指し示すのではなく、揃えた指先（親指は中指に重ねて）で指し示します。

71

音を立てずに立ち居振る舞う

扉類の開閉、椅子を引いたり納めたりする家具の移動、テーブルナイフでお皿の上のお肉を切る、スープをいただく……あらゆる動作で音が立たないように気をつけて振る舞うことで、動作は自然に美しく丁寧になります。

物を扱うときは、なるだけ身体に近いところで動かします。手から離すときは名残りを惜しむように、が原則です。軽い物は気を抜かずに、重い物はしっかりと持ち、軽々と見えるように。

音を立てない動作に慣れると見た目も美しくなります。

美しい外見　その3　場に馴染む

場所に合わせて輝きましょう

見た目の美しさは、一辺倒では成り立ちません。自分の個性を引き立たせるだけでは浮き上がる恐れがあります。まずは場所にふさわしく、そして目的や時間も意識します。行為には流れがあります。目的の場所や時間の後先もよく考えます。

その場所と時間にふさわしければ、浮き上がることなく馴染み、そして目立たずに自分らしさが輝きます。

72 どんな場でも輝くための日常生活

美しい外見をつくる基本は、日常生活の行為とその空間にあります。日常生活はとかく実用性に重きが置かれます。行為も物も、便利で、らくで、手軽で、簡単といったことが優先される現代です。けれども、これを積み重ねていると、どんどんいい加減さが主流になります。何でもいいでしょうということになってしまいます。

空間も物もシンプルであればあるほどに、その収まり方や扱う部分のしつらえの丁寧さが大切になります。それが生活を美しくするための支えです。細かな点、部分的な箇所の美しさです。

よく言われるのが「物の細部に神宿る」ですが、これは細部、片隅、目立たないところに気を遣って大切に考えましょうということです。良質なディテール（詳細）の物はそれ自体の美しさだけでなく、シンプルな生活空間の質を高め、深みのある美しさにします。さらには、それを扱う人の所作を美しくします。

73

旅先の地に溶け込む装い

旅先でも違和感がなく溶け込むことが大切です。自分も景色の一部であることを意識するのは旅の楽しさのプラス要素です。

汚れが目立たない動きやすく着ていてらくなものは、ハイキングといえども別な物があり、特にヨーロッパの古都など、概ね美しい風景にはふさわしくありません。

どこに行っても、たとえひとり旅でも周りを意識しましょう。周りは知らない人たちだからこそ、その場にふさわしい姿で景色に馴染むよう心がけましょう。

74 訪問先でも違和感を感じさせない

初めてのお宅を訪問するときは、自分流は抑えて、いつもよりワンテンポゆっくりと、先方に合わせるようにしましょう。自宅での振る舞い方がきちんとしていれば、他人宅を訪ねたときにも、相手に違和感を感じさせることはありません。

靴の脱ぎ方、椅子の座り方、お茶のいただき方など、いつもマグカップで飲んでいると、出されたカップとソーサーの扱いに緊張しますが、日常からカップソーサーでいただいていれば、戸惑うことはありません。

正確な振る舞い方は、空間の広さには関係ありません。狭いところに住んでいても広さに戸惑うことなく、広いところに住んでいても狭さに身体をぶつけることなく、どちらでも、堂々と振る舞えるよう、身体を躾けておきます。

玄関に入ったときの帽子や手袋、コートなどの着脱に留意しましょう。着脱行為こそ美しさの見せ場であり、輝くところです。

75

食事姿を整える

食べ方は、その人の日常生活やこれまでの成長過程、要するに「育ち」を表します。食事は日常生活の中心でもあり、社会的なつながりの場でもあります。映画などドラマでの食事の場面は、その食べ方で役柄を表す重要なシーンとなっていることも多いのです。

箸の持ち方やカトラリーの扱いに注意して、会話を楽しみながら、味覚を働かせ、美味しく感じることが必須です。秘訣は当然、正しい道具の扱い方に慣れることです。

- 一回の口に運ぶ量は少なめに。いつ会話を交わすことになっても飲み込める量であることです。
- ナプキンや懐紙で口元の汚れを押さえて、グラスや器を汚さないように気遣います。
- ワイングラスは、ボディを持たないように気をつけます（ワインの色を楽しむため、グラスに指紋をつけない行為として、指先でステムを持ちます）。

- グラスに注いでいただくときはテーブルの上で、ベースを軽く押さえます。
- 和食での箸の汚れに留意します（先端9ミリまでしか汚さず食べるのは名人クラス、3センチまでが限度です）。
- カップとソーサーは片手でカップのつまみを持ち（指を入れない）、もう片方の手でお皿を持ちます。カップとソーサーは一つの食器としての扱いです。お茶托の場合は、持たずにお湯のみ（茶碗）だけを右手で取り、左手の上にのせ右手を添えて飲みます。片手では飲みません。

残すのは相手に美味しくありませんでしたと感じさせて気を遣わせてしまいます。始めは少なめにとって追加するのは、美味しいからもう少しいただきたいという印象になり、作った人を喜ばせることになります。サービスがある場合には、少なめでと、そっと伝えます。日常、自宅での食事で食べる量を意識しておきます。

ただし、中国では、全部いただくと、量が足りませんでした、もっと欲しいと要求することになり、残すのが礼儀だそうです。

いずれにしろ、お招きの席に出る場合は、コンディションを整えておくことが必要条件です。

76

酒宴での美しい振る舞い

食事の場で美しい姿であることは重要ですが、実は、お酒を飲む行為にこそ、美しさが要求されています。

大人の女性が酔って乱れるのは論外です。飲んでも酔わない人は、ほどよく酔ったふりをして、量をセーブします。まったく飲めない場合は、お酒の場にはそもそも行かないか、飲んでいるふりをします。

ほどほどにコントロールして、美しい振る舞いを維持するのが大人です。酔って、無意識になりたい場合は、自宅でひとりで飲むことをお勧めします。

77　ビジネスパーティでの基本的な振る舞い方

スピーチ中は、小声で話し、スピーチに注目します。

名刺の交換は言葉を交わした後に、両手で渡します。

立食の場合は、食べるばかりでなく、会場内を少しずつ移動して挨拶を交わし、他の人を観察したりして楽しみます。移動することで、会場内に展示されているものも見ることができます。

そして、自分が遠くからも見られていることを意識してください。意識を背中に集中して、背筋を伸ばしていることです。会場を移動するときは、慌てずゆっくり、周りを見渡しながら、知り合いには会釈しつつ、歩幅は大きめです。

物を取るときはしなやかな指の動きを意識しましょう。

どんなパーティでも使える一分間スピーチ二六七字を作っておいたり、簡単な挨拶や有り難うの各国語等を趣味的に覚えておくと、役立つときがあるでしょう。

78

サービスを上手に受ける

コートを預けるために脱いだり、また、預かったコートを着せかけてくれるサービスを上手に受け止められるよう慣れておくことも案外重要です。

遠慮がちにならず堂々と振る舞うのが秘訣です。簡単に言えば、場慣れすることです。軽やかに上手にサービスを受けることができたら、美しい行為を見せることができます。

もたつかないことで、サービス側も気分良く、たくさんの人に手早くサービスができます。多くの人にスムーズなサービスができると、みなさまから感謝されて、サービスする側も楽しいのです。サービスに協力しましょう。

79 驚きを隠す

初めての場所では、初めてのことに遭遇し、良くも悪くも驚くことが多くなりますが、そこは驚きを隠し、自分にとっては日常的なことと見せるのが、その場に溶け込む美しさというものです。驚きを隠して、まず周りを観察し、周りに合わせておけばいいでしょう。

日頃の躾が問われるのは、突然の異変に遭遇したときです。（自分が襲われた場合以外は）ワァとかキャッと声を上げる前に、自分以外の他の人の様子を見ます。誰も怪我をしていないか、何か不都合が起きていないかを訊ね、一息ついて、今、何をすべきかを考えます。急を要するときこそ、落ち着いて、確かな行動を心がけます。

これには、日頃からニュースなどで見聞きする事件や事故で、何がどうして起きたのかを疑似体験しておくことです。他人事と思わず、自分の身近にも起きるかもしれないと思えば、上手な対処の例にも関心が持てるでしょう。

80 大人の女性としての魅力の演出

見た目にセクシーでありたいとか、可愛らしく見せたいときもあるでしょう。けれども、それを大人の女性が、振る舞い方や衣装で演出しようとすると、ともすれば気品の損なわれるものになってしまいます。痛々しさを与えかねません。そうならないで、女性の魅力を演出するにはどうしたらいいのでしょうか？

可愛いらしさもセクシーさも、男性が好む女性の魅力としての見た目のよさですが、胸のボタンを一つ余分に外さなくとも、長い髪をこれ見よがしになびかせなくとも、内面からにじみでる大人感覚を持つことで、女性の魅力を感じさせることはできます。

子どものような高い声を出さずとも、お人形のようなメイクアップをしなくとも、正確な立ち居振る舞いと、素直な受け答え、聞き上手の笑顔で、可愛らしさは伝わります。大人の女性の魅力は、相手に敬意を持ち、思いやりを忍ばせていることかもしれません。つまり内面からの演出です。

81

公私を分ける

生活には公私があり、その区別を美しく表現できたら、素敵に躾けられた人と言えます。仕事や社会的な関わりが公で、自分だけの問題が私というわけですが、公の中にも私があり、私の中にも公があります。

とはいえ見た目に美しくない公私の混乱は避けなければいけません。たとえば、人前での化粧や、仕事中のプライベートなメールや電話など。公の場では、それを極力避ける努力が最低限必要です。

さらには、部下に私用を命じたり、取引先からの接待や贈答品の独り占め、無駄なタクシー遣いなどといった公私混同は、コンプライアンス上の問題以前に、人間として美しくない在り方です。

そしてもっとも問題なのが、私的な問題を抱えながら、公の仕事に関わっていることです。これは見た目にはわからなくとも、仕事の結果や成果、的確度で露見します。

二十四時間仕事人間でいるかどうかは個人の自由ですが、仕事の問題を家庭に持ち込まず、家庭の問題も仕事場では見せないのが躾のゆきとどいた人です。

ポイントは切り替えです。特に、家庭での切り替えです。

家庭とはくつろぎの場、安らかな温もりを与え合う場です。自分が優しさを与えてもらって癒やされたいと思う前に、自分から優しさを積極的に与えるという切り替えこそが、自分の疲れをとるもっともよい方法なのです。

家族の温もりはそれだけで癒やされるものです。その場にふさわしい自分を見せるには、自分をコントロールすることが重要になってきますが、それができるのは、家庭でくつろぎ、十分に癒されているからでしょう。

第3章

健康美を躾ける

健康を保つための躾は、健康以外の他の躾と表裏一体のものと言えます。なぜなら健康であることがすべてを左右するからです。健康であるだけで、美しい。顔色が良いと明るい印象を与え、あなたが元気だと相手はそれだけで安心できます。気遣いが少なくてすみますから、気持ちがらくなのです。

躾の良い美しい大人になるためには自分で自分を躾けるのが基本です。ときにプロの指導やアドバイス、または施術やトレーニングで他人の手を借りることも必要です。

とはいえ、すべてプロ任せは費用がかかります。自分で自分を躾けることが基本ですから、たとえプロの手を借りたとしても、日常の継続には、自分自身の意志と気力が必要です。

健康美　その❶　健康管理

健康を管理することは日常生活の要です

健康管理は自分を躾けるもとになります。気をつけていても風邪を引くのはしかたがないと言ってしまいたいのですがそれはしかたがないことではなく、不注意です。大人の健康管理は自分でしなくてはなりません。日頃から注意を怠らず、言い訳のない健康管理を維持しましょう。

82 体調維持に努める

痩せているとか太っているとかは体型としては気になりますが、身体についてもっと重要なのは、呼吸・排泄・免疫・分泌・消化・神経・循環・吸収・代謝など、自分の内部機能の特徴を知っていることです。お医者さまの診断も必要ですが、自分で観察してその特徴を補い、注意してメンテナンスすることが大切です。

身体は同じ機能のように見えても人と違う微妙な個体差があります。自分の身体を知って上手に使うことで健康は守られます。

- **平熱を知っておく**こと。微妙な体温の変化により、自分の体調を知ります。
- **「よく手を洗い、うがいをする」「保湿」**は、現代の常識です。
- 歯は美と健康の元締めです。定期検診と毎日の丁寧な**歯磨き**を習慣づけましょう。
- **フットケア**も忘れてはなりません。ふくらはぎは第二の心臓。末端の血管、毛細血管を活性して血液の循環をよくします。
- **爪の切り方**ひとつも注意します。爪の形に沿って丁寧に切るのが原則です。

83 身体的メンテナンスを習慣づける

健康のためのダイエットは必要ですが、美容のためにダイエットを始めると、ダイエットマニアに陥る恐れがあります。

トレーニングは、何時間やったか、どれだけやったかではなく、適切で効果的かどうかが重要です。自分にとって、どうなのかを知ることです。体重の数値ではなく、身体の形と動きです。痩せていればよいのではなく、体重に変化がなくとも、筋肉の衰えや脂肪のたまり方は、時間とともに（つまり加齢とともに）変化します。

- 手や足の指を動かしたり、肩を回したり、頭皮を動かすなど、普段使わず動いていない部分を意識して動かすのが、美と健康のためです。
- どのように動けるかに注意して、メンテナンスを怠らず可動域を広げましょう。
- 人が見ていないときは**いつも身体を動かす習慣**を持ちましょう。
- 使わない筋肉は固まってしまいます。筋肉を和らげ、ほぐすように動かします。

- 筋肉を動かすときは筋肉に酸素を与えるためにしっかり呼吸すると効果的です。
- 使った筋肉は休ませるのも必要ですが、それはやりすぎてはいけないという意味です。
- プロのトレーニングと違い、少しのエクササイズを日々休まず続けるのがよいようです。
- 誰でも風邪を引いたりいろいろな不健康要因にさらされていますが、注意力で早期に退治するには、ある程度強い身体が必要です。日頃からそれを目指します。
- 食べ物による栄養補給は、免疫力を高めると同時に、吸収力を高めることに十分注意します。腸内環境を整えましょう。
- 精神的なストレスも、免疫力を低下させます。十分な睡眠と気持ちが安定する習慣をつけましょう。
- 目が食べたがるグルメ嗜好を減じ、今、身体に必要な栄養を感じとれることを目指します。
- 健康的な食材をバランス良く食べて基礎体力をつけることで、治癒力を高めます。

84 デトックスを習慣づける

血液の流れ、リンパの流れを良くすることが基本的な健康のもとと言えるひとつです。血液の循環は冷え性や肩こりで身近な危険を感じますが、リンパが滞るとセルライトがさらに流れを悪くして老廃物を身体に残すことになります。

- 適切な水分のとり方を習慣づけましょう。一日1L〜1・5Lが理想とされます。
- 代謝が適切に行われ、**解毒や排泄がスムーズでないと、吸収力も弱まります**。
- 食べるばかりではなく内臓を休ませることが重要です。自分に合った食事の量やその摂取時間、休養時間を胃腸に与える必要もあります。
- 就寝2時間前から飲食をせず、朝からお昼にかけて（自分なりの時間でよいでしょう）デトックスするのは、それなりに効果的です。朝しっかり食べるローテーションが合う場合もあります。

生活のリズムの中で、デトックスをどこかに取り入れるのがよいでしょう。

85 体内時計を活用する

体内時計とは身体の中で感じている時間です。お腹が空いたから何時ごろ、眠くなったから何時だろうというのも、そのひとつです。体内時計の研究は進んでいます。関心を持って健康促進に役立てましょう。

- 体内時計では基本的に朝起きる時間を一日の始まりとしてリセットします。朝日を浴びて良く伸びをして深呼吸すると、体内時計のリセット効果が増します。
- その時間をたとえば七時とか六時とかに決めて、いつもより就寝が遅くなった日も、その時間に起きるのがよいようです。寝だめは効きませんが補充はできます。寝不足の場合は、朝寝坊ではなく夜早く眠り、起床時間はいつも一定にして体内時計を正常に戻します。寝不足は素早く解消することです。
- 睡眠時間は七〜八時間がよいとされますが、人によって違います。
- お昼の食事を、消化機能が高まる時間帯にしっかりとる、夜は軽めに、遅くとも就寝二時間前がよいという研究データもあります。

86

体型整備に努める

身体をつくるのは一日にしてならずです。美しい身体の形をつくるにも、健康な身体を維持するにも、自分に適したトレーニングが必要です。その適したトレーニングを怠ることなく続けることです。継続は必ず変化をもたらします。一日休んでも、次は繰返します。一日休んだからもう効果はないなどというデリケートなものではなく、一年、三年、五年、十年と、そんな長い時間の変化を期待したいものです。

コントロールできることが、肉体にも精神（内面）にも重要です。糖質と脂質は美味しいスイーツですから、これがコントロールできるとしたら、とても良い修養となるでしょう。過度に甘いものが欲しくなる理由には、内面の不安定さがあります。

食べないのではなく、満足して適量に抑えられるのが、精神安定のバロメーターと見ることができます。甘い物から抜け出せない場合は、内面をチェックしましょう。

87 振る舞いを洗練させるトレーニング

身体の動きがしなやかになるために、毎日トレーニングを続けます。バレエやダンスの基本動作、日本舞踊の基本動作でも良いでしょう。身につけておくと、日常的な生活行為の振る舞いが洗練されます。

武術などでも姿勢を良くするための基本動作が身につきます。基本があれば、動作と動作の間のつながりが滑らかになり、落ち着いて見えます。

日常的に頻繁に使う物を良質な物にすると、物が振る舞い方を教えてくれます。

すべての急な動作は見苦しいものですから、できるだけ急に走り出したりなどしないように気をつけましょう。

健康美　その❷　美容

美しくなる努力を惜しまないことです

健康と同様、筋肉の付き方、顔の造作、肌の特徴、髪の質等々、一人ひとりが決して他の人とは同じではない美的部位を持ち合わせています。個体差に合わせた手入れが必要です。さらに改良する努力を惜しまないことです。

脚や腕の太さ長さの違いはあっても、美しさを磨き上げる努力は惜しまないことが、自分を美しく躾ける第一歩です。身体を美しく躾けると所作まで美しく見えて印象が良くなります。セルフブランディングの時代ですから、自分の価値を意識して高める必要があります。美しく見えることは、非常に効果的なセルフブランディングとなります。

美容の知識は、最新情報を常に理解しておきます。

88 美の情報に貪欲に

美容に限らず、美しいものに対する情報に貪欲になりましょう。身近なところから、一見関係なさそうに思われるセレブリティなことまで、ボーダーレス、ジェンダーレス、そして社会的階級にも関係なく、自分にふさわしいと思われる美の情報を貪欲にキャッチします。

そんな衣装は着ない、そんな住まいには住んではいない、そんな食卓についたことはないなどと、学ぶ範囲を限定するのは間違いです。

現在の生活に関係するものではなくとも、生活の知恵は万能です。必ずや応用できる場面に遭遇します。だから、美の情報に制限をしないことが第一です。常に目を光らせ耳をそばだてて美の情報を集めます。

そこから先は、自分の知性と判断力で自分のための情報としてまとめておきます。

89 美容院とエステの活用法

髪型は目立つ特徴です。髪型がズバリと決まればセルフブランディングの一助にもなります。しかしながら、最新のデザインのヘアカットが誰にでも似合うわけではありません。自分で自身の髪の特徴や顔の形を認めなくてはなりません。そのためには自分の手で触ってカットができればいいのですが、子どものころから髪の毛の癖を知っているプロに任せるのも安心です。

お洒落な美容院で手をかけてもらうことが休養になる人にとっては、精神面でもくつろぎの効果があります。

髪型はその時々の変化も楽しいものです。長い髪はそのままではなく結い上げたりまとめるためのものです。行為にふさわしく髪型を変化させましょう。

どれほど美形であってもメイクなしで大丈夫とは言えない時代ですし、メイクの表現が自分らしさを見せるとも言えます。けれども、メイクをエスカレートさせずに、肌の手入れに重きを置くことをお勧めします。ただし、美肌づくりは時間がかかります。カリスマ・エステティシャンであっても、一回の施術では無理です。ポイントメイクや眼鏡などで補って、肌を週二回くらい休ませ、自己治癒力、自然活性力に期待します。

美しくなりたい場合は、まず手や足を使うのが基本です。自分で行う手入れは、プロのエステティシャンの十分の一くらいの施術力ですが、毎日毎晩、予約なしで好きな時間に続けることができます。

プロの優秀なエステティシャンに手入れを頼むのは、身体的美しさが重要な職業の場合です。プロでも技術レベルが低ければ、それはリラックス効果程度と考えなくてはなりません。自分で手入れするのに勝るものなしです。

プロから習ってマッサージのコツを身につけましょう。「手当」という言葉がありま す。手を身体に当てることで身体がよみがえる効果があります。

90 笑顔とネイル

顔の形は目立つところですが、持って生まれたものだとあきらめず、年齢とともに変化することも考えつつ、自分で顔づくりをします。

最初は笑顔の練習！　何もしなくても笑顔の人は幸いですが、多くは笑顔は習慣によってつくられます。何もないのに笑っていると変な人に思われるので、つい真面目顔、またはむっつり顔の習慣がついてしまいます。ひとりでいるとき、他人に見られていないときに、鏡で自分の笑顔のベストを研究することです。まずは**名前を呼ばれたら振り返るときに笑顔、挨拶に笑顔**です。

それを基本に、顔の筋肉を動かすトレーニングをして、顔の形を自分の手で、好みの形に変えていきます。自撮りでも構いませんが、写真に写る回数を増やします。それだけで、写真写りが良くなることは間違いありません。時間をかけて、魅力的になりましょう。

指先は、案外目立つものです。無造作であるより、行き届いた手入れが望ましいといえます。大げさなデコレーションで目立たせる必要はありませんが、適切な色のネイルは服装と一体のものとして考えます。手を使う仕事が多いとネイルをだめにしてしまいますが、最近はジェルネイルなど、剥げにくいものもあります。必要に応じて手袋やマッサージ等、手や指先に気をつけたいものです。

プロの技術に頼るほうが良い状態を長く保てますが、器用であれば自分で手入れします。

爪にも保湿が必要です。爪の状態を見れば、健康の状態を知る目安にもなると言われます。**身体の末端の部位から磨きをかけて**いきましょう。

91 美しい歯ならびと口元

いつでも歯を見せるわけではありませんが、歯はきれいに整えて手入れの行き届いた状態にしておきたいものです。

黙っているときにはもちろん口を閉じていてください。気が抜けてしまって少し口元が緩んでいるのは、美しくもなく、可愛くもありません。普段は、歯を見せないことによって、きりっとした美しさが生まれます。が、話したり笑ったりすれば歯は見えます。特に話しているとき、相手は口元を見ていることが多いものです。そこで、歯が美しさのポイントとなります。

歯並びが悪いと、顔の形が歪みます。また、いわゆる出っ歯や受け口は、若い頃はともかく、年齢とともに顔の造作を損ないます。また、歯並びが悪いと、必ずかみ合わせにも支障が生じています。それが、さまざまな内臓の病気や姿勢にも影響を与えます。

矯正歯科の技術の進歩は驚くほどです。気になる方は、生まれつきとあきらめずに、審美歯科に相談してみるとよいでしょう。

歯のメンテナンスは、美しさだけではなく、健康にも大きく影響するのです。健康であるために、歯は一生の財産です。大切にするよう心がけます。

歯並びは矯正して、笑っても美しい口元になるように、食べ物は正しくよく噛んで毎日のメンテナンスを怠らずに美しく整えましょう。

また、口元は、歯並びだけではなく、話す言葉によっても形が変わります。バイリンガル、マルチリンガルの方を見ればおわかりでしょう。良い言葉、優しい話し方の方は、その品格が口元に表れるのです。

健康美　その❸　活力

いつも活力を維持しましょう

生活の目標や生きている目的となる喜びが、人の活力のもとです。何をするにも、それが楽しいから、面白いから、やりがいがあると感じるのです。その逆は、面倒だから、面白くないから、楽しくないからです。どちらも自分で思い込んでいるのです。楽しい、面白いというほうに転換することで活力に変わります。無理にポジティブになろうとするより、まずはネガティブにならないようにすればよいでしょう。面倒だとか、うまくいかない、たいへんだとか、忙しいとか、効果がないなどの愚痴や不満は、ポジティブな人は思っても口には出しません。

美しさを保つにも健康であるためにも、内面の活力が役立ってくれます。

92 内面を強化する

美と健康だけでは知的美人とは言えません。内面の強さで、さらに美と健康を支えます。**日常的なことに対する思い方を変える**こと、それを繰り返すことで、内面は強化されます。

内面の強さとは、知的に客観的に物事を受け止めることです。たとえば自分にも他人にも約束は破らない。ささいなことでも、きっちり約束どおりにやってみると、気分がいいものです。

壁にぶつかったら横に廻ってみると活路があることも試します。一つにとらわれず、ほかにも目を向けます。言い訳や愚痴は言わずに、現実をありのままに受け止めます。人のせいにしないと決めます。周りを変えたいと思えば、まずは自分を改めます。

そして面倒臭いは禁句です。やりたくないと思えば、できないという言葉が出ます。やりたくないは面倒と感じているだけです。面倒だと思う前に「おや、楽しいかもしれない」と楽しさに気がつくことが内面を強化します。

93

活力を自ら高める

いやなことに出会ったら、そこから逃れようとしたり、落ち込んだりする前に、その逆を思い描いてみます。楽しくする方法があるかもしれません。

思い込みが強いときは、身体にも力を込めすぎています。とりあえず脱力、力を抜いて身体を動かします。思い込んでいることを少し忘れて、自分を解き放つ、シャキッと自分を取り戻して、アスリートになった自分を想像してみます。

すると、活力がわいてきます。活力というのは自分で自分の中につくるもので、外から与えてもらうものではないのです。アスリートの精神力を真似てみましょう。

活力のないときには「快楽」ではなく「快適さ」を求めてください。気分を紛らわせ、不満足から逃げるために一時しのぎの「快楽」を求めてしまうのは、刺激の強さで忘れようとするにすぎません。「快楽」は果てしなくエスカレートして立ち戻ることがやっかいになります。それよりも、自分にとっての心身に優しい「快適さ」は何かを考えてみましょう。

「快適さ」とは気分の良さです。気分が良いと、なぜか「よし、やるぞ」と感じてしまうのです。気分を良くするためには、自分から積極的に活動することです。そのために必要なエネルギーがないときは、まず睡眠を十分にとることです。楽天家と言われても一晩眠れば元気が出るのは手っ取り早いリセットです。

楽しい、面白いと感じると、モチベーションは上がります。日常生活の雑用もやっかいな仕事の繰り返しも、自分なら楽しめると決めます。その仕事の面白さを見つけます。見つからない場合は、黙々と繰り返してみます。真剣に繰り返せば何かが見つかります。きっかけを見つけ、面白さを見つけることです。

対象をよく知らずに面白くないと思い込まずに、もっと多くを知ることです。それによって、情報量が増えますから興味がわき、面白くなってきます。加えて知識欲がわき、モチベーションが高まります。

94 努力する習慣をつける

大きな才能を預かっている人は、そうでない人よりたくさんの努力をしています。ですから、**預かっている才能が少ないということは、努力も少なくてすむということ**でもあります。苦しい努力を少しは免れていると思えば幸せです。

努力とはたくさんの研鑽、訓練。練習の積み重ねです。どんな小さなことでも、継続することで、努力という行為を習慣にできます。

小さなことで積み重ねの回数を増やしましょう。半分やったら、今までやったことで楽しいと思えたことを少し挟んでみます。楽しさを呼ぶ具体的な行為を組み合わせてみるのです。

たくさん積み重ねることが努力だとわかれば、それを繰り返せばいいわけです。努力分の幸せがあれば十分ですが、努力しても報われていないと思うこともあるでしょう。

それは努力の方向と努力の量が足りないということです。適切な方向に適切な努力をすれば報われます。時代にふさわしい努力であれば報われる可能性は高くなります。

ですが、報われるということは大したことではありません。努力した分、活力も内面もレベルアップしているのですから、自分が真っ先にそれを認めれば周りも必ず気づきます。

一見努力なしの「棚からぼた餅」に見える他人の成功が羨ましくなりますが、実はそれは勘違いです。そこには見えない努力があるのです。努力なしに幸せが舞い降りてきていると思える場合でも、陰で積み重ねたものが幸いに働いているのです。努力なしの幸せも努力なしの成功もないのです。努力が見えるか見えないかだけのことです。

努力目標を分割し、いろいろに分けて習慣化します。継続のためには積み重ねの回数を増やすことしかありません。一度にがむしゃらな行為をせず、半分くらいやって楽しさを掘り起こします。努力の楽しさは隠れています。一ヵ月、三ヵ月、やってみて、どの位置に来ているかを俯瞰して見ます。誰もが見えない努力に不安になりますが、自分の努力を客観的に見れば、成果も見えてくるはずです。

95

孤独力を鍛える

自分だけの時間がほしいなどと言っていたのに、気がつけば独りぼっち、などと寂しくなるときがありませんか？　人はみな独り、とはよく言われることです。生まれるときも死ぬときもひとりなのだから、生きているときもひとりです。わかっていても自覚するのは辛いことだから、孤独感に襲われると、耐え難くなるのです。誰もがなぜだか孤独感に弱い一面があり、それが内面を弱めます。

ふと落ち込んだ気持ちになったときがチャンスです。孤独力を鍛えましょう。

孤独力とは、孤独に打ち勝ってひとりでも耐えることができる力です。運悪く認められなくても自分を信じる力です。他人と違っていても個性だと思えることです。

孤独を外部の刺激で解消する浪費をやめて、自分を見直し鍛えれば、それが明日を開く孤独力になります。

自己実現を目指し、夢中でその研鑽に励んだ場合、目標に達したとしても、周りの誰もが気づかず、認められることもなかったら、ひどく孤独に陥ってしまいます。いつかは、その輝きが決して埋もれることなく、多くの人が認めることになるとしても、その前に自信をなくしてしまうかもしれません。

つまり、たとえ人が認めなくとも自分を自分が認めることで孤独力は強靭になります。これではまだ十分ではないという現実を認めてもっと励もう、と思えたら、なかなかの孤独力です。努力を支えてくれるのも、孤独力ということです。

でも本当は、人は誰もひとりではないのです。どこかで何かで誰かといつでもつながっているのです。自分のルーツを知りたがり、自分のアイデンティティを探そうとするものですが、それもつながりを確信したいからです。それに加えて、孤独であると感じる前に、自分を認めてみると、孤独感も弱まり、むしろ人とのつながりが今以上に意識され始めます。

96 集中力を鍛える

集中できないのは、活力をなくしているからかもしれませんが、今その必要がないだけかもしれません。何かを遂行するときに、集中力はスピードを与えてくれます。あれこれ気が散ってしまうことを散漫になるといいますが、集中力が強すぎて他のことが目に入らなかったり聞こえなかったり、寝食も忘れて、となると、日常的には支障があるでしょう。集中力を保ちながら、いろいろなことを総合的にとらえられるバランス感覚がほしいものです。集中しながら周りにも意識を置ける注意力が必要です。同時に二つ以上のことに注意を向けることが重要な場合もあります。

ともあれ、本来いつでもどこでも必要に応じて集中力が発揮できることが望ましいと言えますし、集中していても他のことが総合的にとらえられたら優秀と言えましょう。

- 寝不足は集中力にも災いをもたらします。
- 集中しなくてはいけない項目以外のものは紙に書き出したり、解決済み、またはルーティンの中で習慣的に解決できるようなことだと、脳に認識させる必要があります。
・今この時集中すべきことはこの問題だということを認識しておくと、集中力を妨げるものが少なくなります。
・机の上は整理しておき、必要なものがすぐ取り出せる状態が望ましいといえます。
・仕事が仕上がるまで何時間でも、という集中は疲れすぎになります。
・大きなことを達成する力をつけるために、十五分〜二十分の小さな目標達成でトレーニングを積みます。
・集中の疲れを取るためにタイムリミットを決めて、別なことをするか、適当な運動を入れるなど、メリハリをつけるのが有効です。
・集中力を妨げる音、音楽や騒音などを除き、自分の周辺を落ち着ける状態にします。
・嫌なものが目に入らない、好きなものを聞かない、どちらも気が散らないためです。川の流れや鳥の声は気分が安らぐものですから、無音にする必要はありません。
・自分が集中しやすい条件を知っておくこと、落ち着かなくなる状態を克服することが必要です。

第4章

生活技術を躾ける

所有している物と自分は同等です。所有物は、自分の価値観を反映するものです。少量の「簡素で知恵のある美しい物」に囲まれ、質素であると同時に豊かな内面生活、つまり「真のシンプルな生活」に身を置くと、「充足」とはどんなことか、「豊かさの本質」とは何かがわかります。自分の内面に余裕が生まれます。

そのためにも、もっと生活技術を磨く必要があるかもしれません。生活技術が高ければ、シンプルな暮らしが豊かできめこまやかで上質なものになります。生活技術は、感性を磨く手立てでもあります。感性こそが人間性の要です。

すなわち、生活技術を磨くことは、自分を人間性豊かに躾ける具体的な方策なのです。

生活技術　その❶　食

料理は自分を躾けるクリエイティブな行為です

生きるために食べものはなくてはならないものですが、人間にとって食事は、ただ、食べるだけの行為ではありません。美味しい料理を作り、コミュニケーションを交わしながら味覚を楽しむ醍醐味——まさに、感性が磨かれる瞬間です。

料理は、そのプロセスで物事の本質や原則的なことが学べるクリエイティブな行為です。さらに、それは、毎日繰り返される行為ですから、自分を躾けるのに極めて有効です。料理という行為を通じて、感性を磨く実利的な学習ができます。

97　食べるものが人柄をつくる

味覚は五感のなかでもより本能的な生存活動と密着しています。生命を脅かす危険を察知する働きをしているのですが、わたしたち人間は味覚を通じて、それ以外の多くのことを判断しています。

美味しさの原点は、身体に必要な栄養のある食材への欲求を高めることにあります。さらに工夫して食欲をそそるように料理すれば、健康であると同時に、味覚を磨くことができます。

味覚の優れた人は、他の感覚も優れています。美味しいものを食べることで、味覚は磨かれ、味覚を磨くことで他の感覚を高めていくこともできます。味覚は、センスアップの糸口です。

さらに、健康に必要な満ち足りた食べものでイライラがなくなり、集中力が増し、気分が落ち着きます。味覚で人は変わります。優しい美味しさは優しい人柄をつくります。

98

栄養があって美味しいことが家庭料理のポイント

家庭料理で重要なのは、手軽に素早く簡単にできて、美味しくて十分に栄養がとれることです。そのためには、まず栄養の知識を持つこと。美味しく作るには、加熱のほど合いに気をつけ、シンプルな調味料で、素材を生かした調理をすることです。料理名のある凝ったものや手間のかかる料理をつくらないのが秘訣です。

美味しくできあがれば、栄養効果も高まります。栄養レベルの高い食材が好物な人は健康です。食物の好き嫌いは健康を害するだけではなく、感性のバランスにも影響します。

99　食料品の買いものは計画的に

新鮮なもののほうがよいからと、毎日、食品の買いものをするのは消費願望を満足させる口実ではありますが、かなりの時間を無駄にしています。今日は何にするかと一回ずつ決めて食材を買うより、一週間、またはそれぞれの家庭での適切なローテーションで、買いもののサイクルを決めるのが合理的です。買ってきた食品を処理できる余裕のある日を買いもののデーとするのがよいでしょう。

急な補充が必要にならないように、できるだけ計画的に、必需品はローテーションで少なすぎず買いすぎず、を目指したいものです。

食材は総花的に買うのではなく、季節に合わせた旬の食材と、どの季節でも必要な常備品の補充を基本とします。料理（レシピの食材）は買いものの目安にはなりますが、栄養や食べるべき食材を決めてから、料理（どう加工するか）を組み立てるのがよいでしょう。便利な市販の加工品・加工調味料にできるだけ頼らず調理します。

100

家庭料理はシステム料理

一週間に一度くらいの買いものをしたら、すぐに野菜の下処理をします。食材をパックのまま冷蔵庫に保存するのではなく、すぐ使えるように加工しておくのが家庭料理のシステムの第一歩です。

次に、食材を無駄にせず使い切れるよう、料理（献立）のバランスを考えることです。これは、知的でクリエイティブな作業ですから、自分を躾ける行為としてとても有効です。ゴミの量が少ないのもステータスとなる時代です。食品ロス0は当然の義務というくらいに自分を躾けたいものです。

常備菜を作っておくことは、食材を使い切るだけでなく、その都度作る手間を軽減するよい方法です。

- すぐ使える保存とは、たとえば、ピーマンを刻んで冷凍袋に入れ、冷凍する。粗くみじん切りにした玉ねぎを冷凍する、干したキノコ類を冷凍するなど。

- ほかに野菜の保存としては、蒸して冷蔵しておき、使うとき味付けをします。
- そのまま保存する場合は土から生えている方向に立てておくと長持ちします。
- 魚の切り身の保存は、たとえば、粕漬けにする。肉の保存は、加熱してスープとともに冷凍する、など。
- 野菜のピクルスや酢漬けを常備菜としておくと、メインのものだけを作ればよくなるので、毎回の料理の時間を短縮できます。

＊よろしければ、拙書『手軽にできるていねいな食生活』（ディスカヴァー刊）をご参照ください。

101

盛りつけで美的センスを磨く

美的感覚と注意力があれば、上手に盛りつけができます。

基本的なセオリーは、①彩り　②バランス　③立体感　④余白のとり方です。

美的感覚は、料理を楽しみ、盛りつけ上手になることで大いにレベルアップします。

料理は失敗が許されません。注意力が重要です。「聡明な女性は料理が上手」という場合の「聡明さ」とは注意力だと言えるでしょう。そして、常に次をシミュレーションしながら丁寧に順序よく進める手際のよさです。そして、仕上げに、上手な盛りつけで美味しさを増幅させるのです。

＊よろしければ、拙書『盛りつけのセオリー』(ディスカヴァー刊)をご参照ください。

102

テーブルセッティングで美意識を躾ける

テーブルセッティングと盛りつけは、食生活の美的感覚、美意識の日常的表現です。ともに、バランス感覚、色彩感覚の重要な二つの感覚が磨かれます。物を置くという意識、並べるという意識から、感覚が目覚め、その感覚を磨いていくのが、美意識を躾けることになります。

色彩は名作の絵画からでも、お洒落なファッションのコーディネーションからでも真似られます。加えて**食事のときは、明るすぎない柔らかな光と心地よい音楽**で気分を上げると栄養効果が高まります。

テーブルセッティングは、食欲を増すと同時に、美意識を高めます。生活文化の積極的な実践です。

103

食器選び、初心者は白い洋食器から

形と色柄、用途と素材で、いろいろな食器があります。まずは洋食器。丸型で縁の特徴（シェープ）の好みを決めて、大きさを用途で考えます。食器の素材は気にせず盛ることができれば百円均一でも紙皿でもよいという考えはやめましょう（そういう方はそもそも本書を読んでいないと思いますが）。感性を鈍らせ人間性を劣化させます。

もちろん白い食器からのスタートです。器の色柄や素材の違いにも興味を持つと、いろいろ組み合わせができて楽しいと思ってしまいますが、色柄のある食器は中級の選択です。和食器はそれ以上に厄介です。季節感を理解した色柄に、どんな料理を盛りつけるかを想像して器を選ぶことになります。つまり上級の選択です。いずれにしても食材の色を引き立てる器であるべきでしょう。和食も洋食も同じ白磁の器で始めます。

器とテーブルクロスの関係は、色の組み合わせと、その格調のバランスです。部分だけではなく全体の統一を考えます。器はその一部なのです。

104
食事は最大のエンターテインメント

自宅で独りでする食事、ＴＶディナー（独りでテレビを見ながらの夕食）は、寂しさの象徴です。近所のさほど美味しくない店でも行きたくなるのは、食事をしながら、そのカウンターの向こうに人がいてくれるから。黙っていてもそこに人がいるだけではっとし、さらに話しかけることもできたらそれだけで、食事が美味しさを増すからです。それによって、身体にとり入れられる栄養も増します。

家族や友人とともに食事をする楽しさは格別です。同じ料理を食べて、感想を共有することで、親しさが増します。さらに会話が広がり、日常生活でのエンターテインメントが得られます。最高の生きる喜びと言えるものになります。

生活技術　その❷　住空間

住空間が人を育てます

物と関わり空間に包まれているのが日常生活です。気分の良い住まいこそ快適な空間ということです。人は住まいでくつろぎ、疲れを癒し、感性を育みます。

どんな空間に住みたいか、希望する住まいを思い描く必要があります。女性は子どものころのおままごとで多少のリアリティを持ちますが、男性は建築家志望でない限り、住まいのスケッチなどはおろか、現実に家を建てる段階まで何も考えないのが一般的です。

住まいの空間が、私たちの振る舞い方や習慣、ものの考え方にまで関係しているとは想像することもないと思いますが、住まいの空間は、人間形成の大部分に影響を及ぼしているのです。今の自分は空間に躾けられたと言っても過言ではないかもしれません。

将来の住まいを考えることは、次の住まいづくりに役立つだけではなく、現在の立ち居振る舞い、生活行為を見直すことにもなります。

105
清潔感を演出する

住まいは生活、人生の原点です。良い道具は良い所作を導きます。特によく使う道具を良質な物にし、品質の高い物に合わせる生活行為を心がければ、物が人を育ててくれます。「快適さ」は自分で創り出し、その快適さで「気分を良くして」自分を躾けます。生活環境をできる範囲から整えることは自分を躾ける基本です。慣れて自然になる頃には感性も人間性も向上しています。

住まいは清潔であることが重要です。衣服は身体を包むものですから、清潔がいちばんに必要なこととされますが、その身体を囲んでいるのが生活空間です、つまり住まいも清潔であることが大切です。生活習慣としてのメンテナンスで、清潔さを保ちます。

気分の良い空間には、清潔さの演出と同時に、気分を和ませる演出もほしいものです。片づけるという行為には、清潔感の表現と同時に、飾る役割もあります。

106

ディスプレイ心で美的センスを磨く

美意識を日常生活で磨くためにも、住まいの演出を心がけます。そして、生活空間が美しくなれば快適さが得られます。それは気分が良いことであり、それによって十分な安らぎが得られます。

ディスプレイ心を常に活用して、無意識のうちに物をほどよい位置に置く感覚を身につけます。安らぐことと感性を磨くことを自分の力で同時に行うことができるのです。

丁寧に物を手入れし、その位置を意識して置く習慣がつけば、生活の美しさのポイントがわかり、手抜きも上手にできるようになります。

飾りすぎも、何も飾らないのも、ディスプレイ心の欠如です。日常生活を美しく飾らないではいられない美的センスを磨きたいものです。

107

花を活ける

花をはじめすべての植物は水と光と空気によって生き生きと美しく咲きます。生の花や植物を室内に絶やさないようにするのは、清潔で美しい空間にする手っ取り早い方法です。

一鉢からでも園芸の技は身につきます。生け花もアレンジメントも、その花が咲いていたように太陽に向かって伸び伸びとした方向に形作れば美しく構成することができます。生花を生き生きと活けることでその周りを華やかにするだけではなく清潔感を感じさせ、生花の良い香りが心身を健やかにします。

生の花を活けるとその周辺を片付けたくなるのは不思議なことです。生花の生命力が美意識を呼び覚ますのでしょう。

108

掃除は瞑想

掃除の手際のよさは飾る手際と同じです。まずは、視覚的なポイント（フォーカルポイント）がどこかを見つけて、つまり目障りになる汚れを取り除くことです。一度にすべてを掃除するのではなく、上から下に、目に付くところから目立たないところまで順番に繰り返します。目立たないところは、手を抜きたくなりますが、見えないところを清潔にする、目立たないところのデザインに気を配ることが、住まいを美しくする秘訣です。生活の細部を気遣うことこそ、美を宿らせます。

- 汚れに気づいた瞬間に乱れや汚れを直します。それを逃すと、見慣れてしまうか、気にしないふりをしてしまいます。次に、自分では掃除をしたくないという気分になります。
- 汚れが気になるのは神経質なのではなく「美的感覚が正常」ということです。
- 水回りは特に美しくしておきたいところです。自分の汚れを人に見せないという基本が身につけば、使った後にチェックしたくなります。水回りの掃除は、使う人次第で、手のかかり方が違います。使い方上手になりましょう。

- 目立つところにゴミ箱があるのはゴミに責任を持たない人を誘導するためです。自宅のゴミ入れは目立たないところに隠しておきます。責任を持って捨てる習慣を付ければ不便とは感じません。外出先でも無責任に捨てることがなくなります。
- お掃除や食器洗いは実はマインドフルネス。庭の落ち葉掃きは精神修養と言われますが、美的感覚も養われる最高の行為です。落ち葉の形や色に心が和みます。
- 食器洗いもたまには食洗機を使わず、瞑想として手洗いで仕上げましょう。
- 掃除の利点は、仕上がりの清潔さで気分が良くなり、小さな達成感が持てることです。

掃除は繰り返すことの大切さに気づける修養の時間でもあります。費用もかからず、日常の中で、自分を鍛えられます。瞑想と同じ効果があることが確信できます。

「繰り返し」は毎回同じように見えてそうではなく、繰り返しから熟練した技や工夫の数々が生まれます。掃除なんてと思う人に素晴らしい閃きは起きないと言っても過言ではないでしょう。

109

片付けの習慣をつける

物は出しておくとすぐ使えて便利です。しかしながら、目障りな物はどんなに便利であっても出したままにせず、出し入れ・片付けを習慣づけます。機能的な物や電化製品などは、特に、表に出さないよう、しまっておきたいものです。出して使う、使ってしまう、という習慣を持てば、さほどの時間は必要ありません。

・物の所在をわかりやすくすること。特にキッチン周りは、出し入れしやすい収納方法が必須です。

・刃物類は目に入らないよう、常に引き出しに納めておくことで危険回避になります。

・いつも使って役立つ小物たちもいろいろな色があるとしたら結構目障りです。「色を消す」ために片付けをします。目的別にまとめて引き出しにしまいます。出しておくとしたら透明、白など、その場で見えなくなる色に揃えます。

・置き方次第でディスプレイに変わります。つまり美しくなります。歪みなく揃える、角が揃うように並べる、まっすぐに並べることなどが、ディスプレイの秘訣です。

110

物と向き合う

物を減らしたり、物揃えを変えたり、ときどき自分の**所有している物をチェックする**、つまり、**物と向き合う回数を増やす**必要があります。所有欲だけに任せて物を集めていると、物と向き合う暇がありません。

いつも、物と向き合っていると、物のほうから、いまが潮時と告げてきます。物を選ぶということは、最後まで責任を持つということです。その覚悟が必要です。物と関わっている限り、**物に対する責任を意識する**習慣が必要なのです。

- ものとしての役目を終わらせるか**別な物にリフォーム**するか決めるのは、自分です。
- 置き場所を変えたり使い勝手を変えたりして、物を生かすことを考えながら、物と向き合うには、少ないもので暮らすのが得策です。
- 上質な物は向き合ったときにそれなりの手応えがあって、楽しい時間をつくってくれます。

111

ホームリネンで触覚を育てる

タオルやキッチンクロス、シーツなどのホームリネンはプライベートな物ですから、それらの話題は、ファッションの話題のようには、あまり盛り上がりません。多くの方がいただいた物を使ってすませているようです。けれども、上質のホームリネンは昔から生活の質の高さを表します。

自分で良いと思える肌触り、納得できる素材とサイズが決まっていれば、いただき物の中からでもチョイスできますが、おざなりに使っていると、大切な五感のうちの「触覚」を鈍らせます。

必要とされる肌触りとサイズ、吸水力は、使う目的によって違います。ホームリネンに関心を持って、どんな物を使うかを決めましょう。**人に贈るなら最上級の物**を贈れるように、上質の物を知っておきましょう。

皮膚は色彩を感知する力を持っているようです。ホームリネンは肌に触れる物ですから、視覚的な効果とともに皮膚感覚に良い色彩の物を選んで、健康に一役買わせましょう。

- ピンクのタオルは、肌のハリをよくします。
- 薄紫は高齢のご婦人が好みます。なぜだか免疫細胞が活性化するようです。
- 白は身につける色としては健康に役立つようです。

112

茶器と銀器の扱いとその感触を知る

茶道をたしなむのはたいへんです。総合芸術と言えるものだからです。生け花、書(軸)、香道、茶道具、懐石料理等、すべてを学ぶには一生かかると言っても大袈裟ではないでしょう。日常的には、お道具の扱い方を知っているだけでも十分に役立ちます。

上質の道具は、それを用いる際の上質な振る舞いを要求するからです。

それは、洋風のお道具とも言える銀器も同様です。銀器はテーブルセッティングを華やかにしてくれます。と同時に、繰り返し手入れをすることの大切さを身につけることに役立ちます。

所有するかどうかではなく、扱えるかどうかが、躾の基本です。茶道の道具の数々や銀器の扱いとその感触を知っておくことです。スターリングシルバーのワインクーラーに付いた水滴の美しさやアイスクリームを食べるときのスプーンの感触を知っていれば、銀器は磨くのがたいへん、などとは思わないはずです。

113

箱を活用する

箱は、工芸品から量産品まで、便利な収納具です。日本には昔から素晴らしい箱が工芸品として今日に残っています。筥（箱）文化と言えるものが古くから根付いています。現代人ももっと箱好きになりましょう。箱に収まっていると、安心でき、片付いた感じがします。散らかった煩雑さを救ってくれます。

- 小さい箱から大きな箱、部屋に出したままでも美しいと言える箱を持ちます。
- プラスチック製の実用重視ではなく、手作りの箱や皮を張ったもの、古い本のように見える箱、木の箱、漆の箱（お重、文箱、硯箱）など、美しい表情の箱は、コレクションとしても、実用品としても役に立ちます。紙の整理、書類や小物隠しにも最適です。

箱好きになると、家具の歴史からインテリア、そのデザインと、さまざまなことが気になってきます。プロでなくとも生活の歴史に興味を持ってみると、和、洋の歴史から学べる生活行為の美しさの基本がすっきりと身につき、見識が高くなります。

114

物に育てられる

犬の散歩を客観的に見ると、犬と飼い主がよく似ていると感心することがあります。犬は飼い主に似、飼い主も犬に似ます。愛情が交流しているからです。物と私たちの関係に似ています。

自分の身の回りにある物は、自分自身の価値と同等の価値を持ちます。なぜならそこにその物があることを受け入れているのは自分自身だからです。

物が気になりだしたら、それはお似合いでなくなってきているのです。もう一段上の、今の自分にふさわしい物に変えなくてはなりません。

日常生活のいかなる物も私たちの感性に影響を与えています。自分より上質な物といえどもいつかは同等になり、そしてさらに上質の物が釣り合う自分になっていくのです。

物と私たちの関係は、もちろん私たちが主で、物が従ですが、身の回りにある物は、気づかぬうちに私たちを躾け、そして育てているのです。

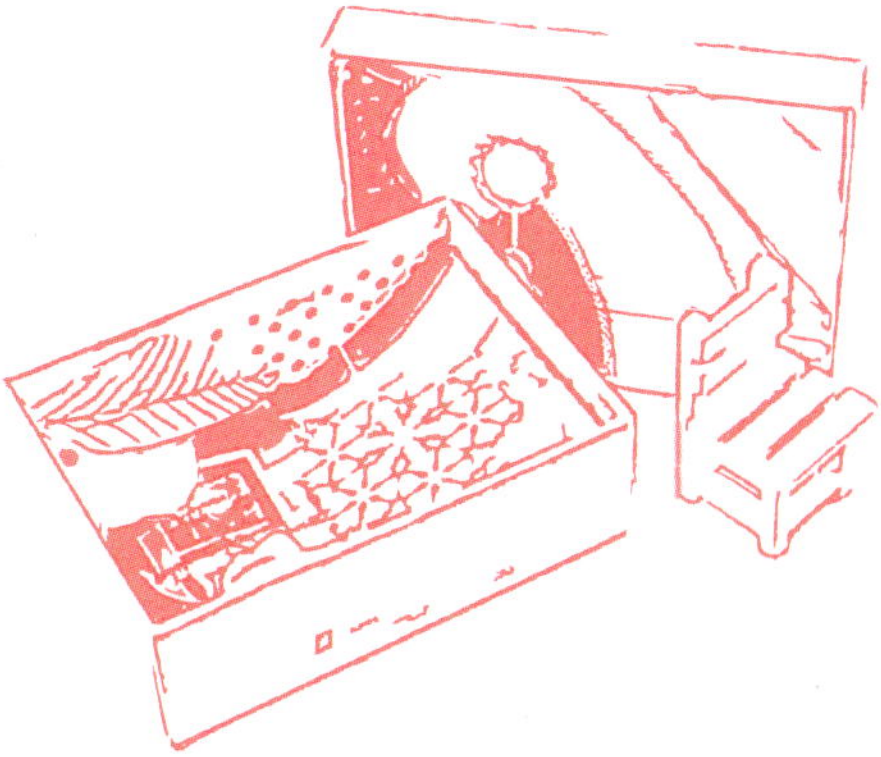

115

物を選ぶことは自分自身を選ぶこと

良い物を選ぶ秘訣は、まず、良い物をたくさん見ることです。そして、意識を集中して確かめることです。

予算がないからという言葉は多くの場合に免罪符となりますが、反面、自分の欲望に負けて別なことに予算を使っていることもあります。

良い物は長持ちして捨てる無駄がないと通常言われますが、実はその手入れがたいへんだったり、扱いを丁寧にする必要があったりなど、結構、厄介なのが素晴らしい物の正体です。

ですから、予算がないという理由は謙虚にも見えて、厄介から逃げる口実です。誰でもらくをしたいと思うのは当然です。

でも、だからこそ、**良い物は自分を育ててくれます。**次のステップに生活をレベルアップしてくれるのです。本来の上昇志向とはこのように、地味な自分磨きの努力をしていくことでしょう。

良い物の利点はそれだけではありません。その美しさは、空間が煩雑にならず、むしろ安らぎを与え、疲れを取り除いてくれます。良い物を選ぼうとし、それを素晴らしいと感じることができるのが第一歩です。

選択の基準は、そのときの自分が必要としている条件です。その先、自分が成長して、前に選んだ物に不満が出ることもあります。常に「今」の自分が選択を続けることです。色や形は、自分の持つ五感の全てを働かせ、問いただして、決めることです。この形、この色は今の自分にふさわしいと、自分自身が納得すれば選択は正しいと言えます。

いつも、選択の意識を持って、物を見ます。今の物より良い物を次回に選択するためです。選択した物は自分自身とも言えます。選ぶ物が変わるのは人が成長しているのです。

物の選択は自己主張であり、あなたの運命を決めているのです。

生活技術　その③　社交儀礼

おつき合いの生活技術を持ちましょう

おつき合いのための生活技術として、昔からよく考えられた「しきたり」がありますが、現代の生活では、ほどよくそれに従っている人もいれば、まったく無視している人もいるので、どのようにすればよいのか、都度、戸惑います。

日本のことだけではなく、欧米のそれも必要な場合がありますが、プロトコール（国際儀礼）は異文化を知るためには意味があるとはいえ、必要な立場になってから知ればよいとも言えます。その前に日本人らしい礼儀を躾けましょう。

どのようにつき合っていくか、どの程度のつながりを保っておくかは、すべて自分で決めなくてはなりません。そのために持つべき技術、知っておくべき儀礼があります。相手に思いを伝えるための行動があり、品物があります。

116

冠婚葬祭の基準

冠婚葬祭のしきたりは、時代とともに変化し、地方によっても違うものですから、十分にわかっていると言える人は少ないでしょう。では何を基準にするかは、まずはそれぞれの家庭での判断です。基準は、見栄ではなく真心です。

気がかりな場合は、そのとき調べて、その中で自分の納得できる方法を選ぶことです。自分の選択に責任を持てば、次の機会にはどうすべきかを導き出すこともできるはずです。

117

お礼状はメールか、手紙か、電話か

お礼状を書くのが厄介でも、まずはメールか電話で。もっと丁寧にお礼したくなったら礼状を書きます。頼みごともその重要度によって、まずは手紙、そして電話、メールなどと、使い分けるのが現代生活です。

何でもメールだけですませるのも便利そうでありながら、気持ちの伝え方が十分でなかったり誤解を招くこともあります。

できれば相手からのお礼のメールにもひとこと返すのがいいかもしれません。

メールは後に回さず、素早い返事をするのが印象を良くします。遅くとも、一日から二日以内に。

118 贈答品の質

予算のあることですから、常に素晴らしい物を贈ることはできませんが、自分が受けとったときにどのくらいの喜びに感じられるかをバロメーターに選びましょう。贈り物に慣れてくると贈られた人の気持ちをもっと大切にしなくてはと気づきます。

- 自分が欲しかった物、長く大切にしてもらえそうな物が、質の高い贈り物と言えます。
- 贈り物も時と場合によります。自分には不要だからと譲ることもありますし、気軽な手土産、親しい間柄の手作りなど、気軽な物から意味の深い贈り物まで、その時にふさわしい物を考えます。
- 相手を尊重し、相手にふさわしい物であることが大切です。

贈り物は、それ自体が大切なメッセージになることもあります。奥の深い行為ですから、自分なりの贈り物に対する考え方をしっかり組み立てておくことが必要です。

119

プレゼントは自分を躾ける絶好のチャンス

お礼、お祝い、お見舞い、ご機嫌うかがい……気持ちがあってのプレゼントです。思いをいかに伝えるかは、生活行為の重要課題です。いつも誰かにふさわしいものを贈りたいと気にかけていることは、人として崇高な行為です。

- おざなりな季節のご挨拶だけではなく、ふさわしい物でつながりを表現します。お正月、バレンタインデー、母の日、父の日、こどもの日、それぞれのお誕生日、本の日（11月1日）、クリスマス……プレゼントは、いろいろな日にできる感謝の表現です。
- 特別なときではなく、ほんの小さな手土産にもセンスを表せます。美味しいものを知っているわねと言われたら大成功です。
- 食べもの以外の品物は、手作りでなくとも、**包装紙を選んで自分で包みます**。リボンは、相手のことを考えながらしっかりと結びます。**リボン結びは心結び**なのです。
- ラッピングは、包装紙の色柄・包み方、リボンの幅・色柄・素材・結び方、コサージュ・チャーム・カードを添える等、まさしく生活のアートです。

- リボンは、プレゼントを包むときの脇役だけではなく、手紙の束など、紙や布を束ねておきたいときに役立ちます。花束だけではなく、リースにもリボンは必須です。特にクリスマスリースは、リボンがつくことによって、華やかさが増して美しいものになります。
- 手先が器用であるかどうかは問題ではありません。糸、針、布などは、女性の得意分野なのです。布の手触りに対する優れた感度を、すべての女性が持っています。
- 刺繍、レース、編み物、織物、パッチワーク、アップリケなど、布や糸を使って、生活に必要な物、プレゼントする物などを手際良く作れたら素晴らしいでしょう。

プレゼントを手作りしたり、ラッピングを工夫したりすることは、手の技術を鍛え、色使いや用途に対する的確さなどの感覚を磨きます。手先を使えば脳も活性化します。プレゼントをなおざりにせず、自分を躾けるチャンスとしましょう。

120

美しい自筆を練習する

美文字ブームなどと言われています。美しい字が書けるのは素晴らしいことで、日常いろいろなシーンで役立ちます。誰もが自分の名前だけは美しく書くことを実行しているようですが、自分の名前だけではなく手紙の全文を美しい自筆で書くと、受け取った人は感動します。

書道を習いに行く時間がなくとも練習はできます。まず優れた「書」を見て、よく使う字だけ、その形をしっかりと頭の中に記憶します。見て覚えるわけです。全体のバランスに注意します。あとは、「書は人」。人格を磨くことで味わいが出ます。

手紙を書く習慣を持つと、文章も上達します。話し方もレベルアップします。手書きに慣れると、他の手作りにも興味が持てます。

121

ホームパーティの勧め

招かれても招いても楽しいのは、人が集まるパーティです。まず人を招くことは楽しいという経験を重ねることが大切で、面倒だからとか、疲れるとかを先に思い浮かべないことです。

実際には、完璧にやろうなどと張り切りすぎると疲れます。多少思い通りにならないことも起きます。次に生かす経験と思って達観しましょう。場数を踏めば、いつかは手慣れるのです。疲れとともに大きな達成感があることを忘れてはなりません。

大切なのは心を込めてお招きすることです。相手に喜んでもらうことだけを考えます。セッティングもお料理も、素晴らしい生活アートですから、美しさに留意します。招かれた人は招かれたことを喜び、美しく振る舞います。

122

衣装は見られるもの

初対面ではまず姿かたちの第一印象が大切になってきます。

何を着るかを決めるのは「好きなものでしょう」と答えるのが現代ですが、社交儀礼としての衣装としては、相手にどんな印象を与えるか、その場にふさわしく、かつ自分らしく美しく見えるかが大切です。

一流のホテルマンとか老舗の支配人たちは、衣装や振る舞いで客を値踏みします。シンプルで質の良いものを着慣れているかどうか、つまり、今、着ているものだけでなく、上質なものを着ることでできた体型か、振る舞いか、ということまでを見抜いてしまいます。自分が見られていることも意識しましょう。**姿勢を鍛えると、上質なものを着慣れた体つきに見える**ようになります。

同様に、自分が初対面の人を見る場合も、自分を表現するため衣装に気遣いをしているかどうか、どんな考えを持ち、どんな扱いを望んでいるか、衣装から見抜けるようになるのも躾のうちでしょう。

123 衣装を自分なりにアレンジする

自分の衣装は、その場にふさわしいものであると同時に、自分が満足するものであることが最重要です。それが幸せをもたらします。

時間に迫られて残念な選び方をしてしまうことが往々にしてあります。出かけるときは前もって考え、用意しておきます。目立ちすぎず、自分らしさが出せるようになるには、場所や時間、自分に合ったものを普段からコーディネートして掛けておく整理法が便利です。

アクセサリーはときに、衣服以上に衣装全体のイメージを決定します。日頃から、欧米のコスチュームドラマを見て参考にしたり、身近な上手な人を観察して真似をするなどして、付け慣れている風情を研究しておきましょう。

124

和装の着付けを学ぶ

着物に関心を持つ方は増えています。一方、着物の持ち合わせはあるけれど面倒だとか、手入れがたいへんと考えすぎています。洋服といえども手入れは必要です。

すっかりカジュアルな洋服が主体の生活になっていますが、晴れ着として少々改まった気持ちの演出に着物を着てみてはいかがでしょうか。姿勢が良くなり、振る舞いに変化が出ます。

着付けを習うのもよいでしょう。自分で着られるまで練習するのは自分を変化させるよいきっかけになります。帯を結ぶのは腕のストレッチングに有効です。理想的な目標は十五分で着付けられるようになることです。

今でも、一年三百六十五日、着物だけで過ごされている方もおられるようです。通販で浴衣を買って夏祭りや花火を楽しんでみるのもいいでしょう。一歩踏み込んで、美しく見える所作や着方も身につけるとしたら、素晴らしい生活技術のひとつとなります。

どんなに少ない予算でも、通販で買うより呉服屋さんに相談したほうが知識が増えます。または、呉服屋さんに相談して知識を得てから通販で選ぶのもいいでしょう。

着物を民族衣装と考えるのではなく、優れたファッション、素晴らしいモードとして、自由に自分スタイルの衣装のひとつにしましょう。

生活技術　その4　行動様式

穏やかに暮らすための行動様式を身につけましょう

生活技術をどのように生かすかによって、穏やかでスムーズな活気のある日常生活になります。あれもこれもできるから、知っているから、それで完了にしてしまうのはもったいないことです。日常生活の中で身につけた生活技術は有効に生かし、毎日繰り返して、穏やかで快適な、美しい行為となるよう磨き上げます。

効率的なだけではなく、美しく楽しい行動様式、気分良く自分を向上させてくれる行動様式を知り、積極的に取り入れましょう。日常生活をおざなりな習慣に追いやり、時間の短縮だけを気にして、さらに時間がないと思い込むのは止めましょう。

125 瞬間行動

今は忙しいから後回しにして明日やればよい、面倒だから次にしましょう、そんな気持ちになりがちですが、らくで穏やかな気分でいるためには、何事も瞬時にすませるのが得策です。それを「瞬間行動」と名づけてみました。

瞬間行動をせずにいると、周囲は物が山積み状態になり、部屋が片付かず、気分が下がります。すぐやれば達成感が得られ、気分が上がります。すぐやってみて、時間がかかりそうだったら途中までにして、また次にやればよいのです。

気づいた瞬間に、ともかく「今」やりましょう。忘れないうちにやるのは効率が良いものです。何かやっている最中に気づいたことがあったら、それを先に片付けても大して時間の差はありません。大事なことをやっている途中で何かをして気が散ってしまうとしたら、それは集中力の問題です。ほんものの集中力があればその程度で気は散りません。小さな達成感で気分が上がり、大事な仕事のスピードアップにもなります。

日常生活の中の一瞬がロマンティックなものに感じられたら、素晴らしいことです。

126

習慣行動

私たちは、習慣によって身についたものを自分の性格だと思っています。ということは、習慣を変えれば、性格も変わります。性格が変われば生活が変わり、生活が変われば、人生が変わります。次のステップで、習慣を変えていきます。

- 習慣を変える目的を明確にし、自ら納得して、その方法を選びます。
- 決めたら、言い訳なしに実行します。
- はじめは意識しながら、ただ繰り返すことだけに徹します。

習慣行動とは無意識に繰り返すことです。繰り返しで行動が変われば習慣と生活が変わります。

では、いつ習慣を見直すのがよいでしょうか。

変えようと一大決心をしたとき。それ以外では人生の区切りでの見直しです。社会人になったとき、転職したとき、転居したとき、家庭を持ったとき、家族が増えたとき、子育てが終わったとき、定年で仕事を離れたとき等。

それまでの習慣を見直してみると、日常生活が改善されて、新たな人生を輝くものにすることができます。

127

忍耐行動

怒りを鎮めたり感情をコントロールするためには、忍耐が必要です。忍耐を苦痛なものと思わず、むしろリラックスするためのひとつの方法と受け止めましょう。「忍耐行動」とは、次のようなことです。

- 感情の動きを優先させず、間を置き、そして忘れます。それが我慢せずに怒りを鎮め、気持ちを整える方法です。
- そのとき、同時に好きなもの、特に音楽、香りなどを、自分に引き寄せてみることです。鎮静作用をもたらします。
- もうひとつの方法は、忍耐の「忍」とは認めるの忍、承認の忍だと理解することです。相手を認めればよいだけです。忍耐の「耐」のほうを重く位置づけないことです。

128

シミュレーション行動

行動、行為を起こす前に、会話なら話す前に、シミュレーションしてみることで不注意や無駄、相手を傷付けることが少なくなります。

スポーツ選手などがスタートラインに立つ前に、どのコースをどのように動くかなどとシミュレーションするのは基本的なことです。日常生活もいろいろとシミュレーションしてみることで、斬新さが出せたり、楽しめることが見つかったりします。

常にシミュレーションしていれば、失敗が少なくなり、自分の不注意を反省しなくてすみますから、日常生活を穏やかに過ごせます。

129 メンテナンス行動

体調の管理は仕事の一つです。ひとり暮らしであろうと家族がいようと、自分が体調を崩すことがいかに周りに迷惑をかけるか、しっかり自覚しなくてはなりません。

元気なときはそうですよと賛同できても、いざ自分が体調を崩したときには、しかたがないと開き直ったり、もっと優しくしてほしいなどと甘えてしまいます。メンテナンスをよくすれば、フットワークの軽い暮らしができます。

- 体調を崩すことは自分の不注意です。気をつけたいものです。
- 体型は生まれつきと、自分のせいではないと思いたいし、どうしようもないとあきらめますが、その気になれば自分の手や足を使って美しく整えることもできるのです。
- 姿勢を良くしたり呼吸を正しくしたり、**深呼吸を定期的にする**だけでも、体調や体型は整ってきます。

130

チャレンジ行動

面白いと思えること、やっていて楽しいことや他の人に役立つことなど、条件を付けてみると、挑戦することが正当化され、自分も納得する目標にできます。身近なことでも目標を立ててみると、それを完成することを想像して気分が高揚します。目標があれば良い情報が集まります。それを選ぶ意識も芽生え、自分のそれまでの専門も役に立ち、もう一段上を考えるように広がっていくのです。

- 今までにしなかったこと、自分の専門分野から離れたこと、ホームグラウンドだけではなくアウェイでの活動は、チャレンジ行動と言っていいでしょう。
- 必然性のあるチャレンジ行動は生活を活性化させます。
- 新境地への挑戦は、いくつもの可能性の中から一つを選び、それを自分で確定することです。これこそ生きる喜びと言えるでしょう。

131

思いやり行動

誰に対しても思いやりを持ちたいと思いながら、なかなか実行できません。相手を想像したり、相手の状況を考えたりする前に、自分の思いが先行してしまうからです。自分を無にすることが望ましいと言われても、自分を考えないで何ができるのでしょうかと、反論したくなります。

- 相手のことだけを考えて**的確な状況**をつかみます。
- **相手を正確に想像**することこそ、思いやりの意味です。
- そのうえで自分を**どの役割**にするかを決めて当てはめます。
- 視点を変えることのトレーニングにもなります。

132 プレゼンテーション行動

プレゼンテーションとは、おもにビジネスの世界で、新しい計画の提案をするときに「まだ姿のないもの、相手が知らないものの情報を伝達して理解と納得を得る」行為のことですが、家族や友人の間でもこの行為は必要です。正しく伝達し納得を得ていれば、後で誤解を生じることもありません。仕事上の必要の有無にかかわらず、プレゼンテーションの基本は身につけておきたいものです。

- まだ形のないものを誰でもわかる簡潔さで的確に伝えるには、まず**画像を見せる**ことです。少し違っていても、上手でなくても、絵を描いて見せるとよいでしょう。
- 説明する人の**身振り手振り、容姿、衣装**が魅力的なことも重要です。好感度のある話し方、つまり親しみやすくほほえましく共感を持ちたくなる誘いかけが必要です。早口であるより、心に響く強さと柔らかさでゆっくり表現し、穏やかさがあることです。
- 表情も内容に合わせて少し変化させながらも、誠実さを表します（おどおどせず、にやけたりせず)。姿勢は正しく、動作は滑らかに少しだけ動きます。

・なんと最後に内容なのです。

・説明は、画像に合わせて、その特徴を解説すると印象に残ります。つまり、視覚が共有されているその一瞬に意表をつくひとことのキャッチフレーズがポイントです。

一九九〇年代以降、プレゼンテーションのソフトウエアが急速に進化しました。写真や動画、イラスト、アニメ、何でも使えます。語るより見せる、文字ではなく絵・写真などの状況やそのものズバリが人の心をつかみます。反応が早いのです。

適切な技法を選び、スムーズに活用できるようにしておきましょう。時代のテクニックを身につけるのも躾です。

第5章

コミュニケーションの技を躾ける

つながりをなくしては、人は生きられません。人と人は温もりで感じ合っています。人との絆は、温もりのあるコミュニケーションで深まります。そのつながりが美しいものになるように自分を躾けましょう。

コミュニケーションとは、温もりの表現です。

コミュニケーションの技　その❶　会話の基本

言葉と動作は一体です

言葉と動作は一体で、生活行為とその生活の中で使われている言葉は同類です。つまり家庭や仲間内でも、相手を尊重した言葉遣いをしていると、省略した敬語やくだけた言葉を使った会話をしていても、相手を尊重する習慣が保たれて、優しい温かみのある会話になるのです。

133
丁寧な言葉の連鎖をつくる

コミュニケーションをうまく通わせるために大切なのは、相手を尊重することです。人はみな、自分を大切に扱ってほしいと思っているからです。相手を尊重していることは、丁寧な所作と言葉遣いで表現できます。

丁寧に話すと相手も丁寧になり、お互いに気分が落ちつきます。丁寧な言葉は相手に連鎖するのです。自分の習慣が相手にも影響を与える顕著な例だと言えます。自分がロールモデルになるつもりで丁寧さを連鎖させましょう。

134

相手も周りも尊重する

相手の立場を尊重して会話しましょう。親しい間柄であっても、ほかに人がいるときはくだけすぎないことです。親しさを強調している感じが他の人に疎外感を与えることにもなりかねません。

相手の気持ちを汲み、同時に周囲にも気遣いをしましょう。そうすることによって、周囲の人も相手を尊重するようになります。そこまで気遣いがあれば言い争いは起きにくくなるでしょう。

会話は楽しいエンターテインメントです。誰にも楽しさが伝わることを話せば、相手の立場も尊重できるでしょう。口に出す前にこれでよいかと自問自答してから、相手を傷つけないように言葉を選びます。良い言葉、嬉しい言葉を探します。

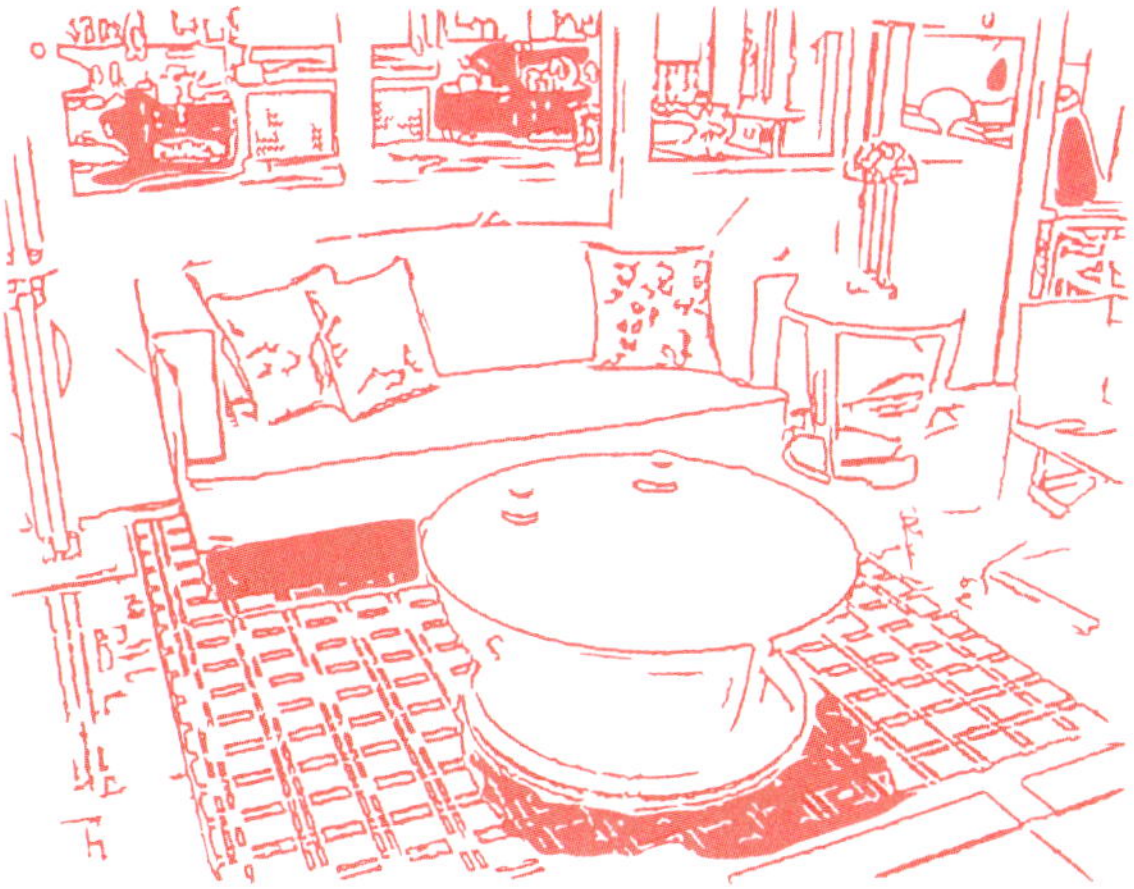

135

会話の基本は、話すことより聞くこと

会話の基本は、相手から話を聞き出して相手を輝かせ、互いに楽しくなることです。ときに急いで相手の話を終わりまで待たずに遮ってしまいたくなるものです。しかしながら、効果的なコミュニケーションは相手が話し終わるまで待つことです。最後まで聞けば自分が話さなくても賛同することになるかもしれません。相手が話し切ったあとなら、相手もこちらの話を快く聞いてくれるはずです。

聞き上手が喜ばれるのは、相手を話し切ったという思いにさせるからでしょう。

- 話している人の言葉を遮らないのが会話の基本。
- 相手は、言葉を聞くより、あなたを見ています。表情と仕草、言葉と気持ちが一体になっているとき、伝わりやすいのです。
- 相手の話を七十％聞き、回答を求められたら三十％以内で答えを伝えます。
- あなたを知りたい、あなたの話を聞きたいという気持ちで、相手の話を聞きます。

136
話し上手は相づち上手

黙っているのは、何も考えないでいるからではありません。人の話は聞きながら、自分が答えることが必要なときに何を言うかを考え、シミュレーションしているのです。けれども、いくら相づちを打っていたとしても、しっかり聞いていないのは相手にもわかります。しっかり受け止めて聞いても疲れないようにするには、話す人と同じ側で聞くこと、対立しないことです。

上手な相づちで、相手に十分話させることです。別れ際に、たくさん話した人が今日は楽しい会話ができたと言って喜んで帰るとしたら大成功です。

137

話し上手は誉め上手

誉めたいのだけれど、どう誉めたらいいいか、わからないという場合も結構あります。いつでも考えていないといい誉め方はできないものです。家族や身内から誉めて「誉め習慣」を身につけましょう。たとえば、「そのことにはいつも感服しております」「あこがれていますす」「いつも素敵だけれど、今日はまた一段と輝いてらっしゃいますね」

このとき、気をつけないといけないのは、誉めるタイミングです。その人と同等な人がいっしょにいるときは、控えめに誉めないと、「あの人だけが誉められて」と感じないとは限りません。すると、あなた自身はもちろん、あなたが誉めた人も、その人からいい印象を持たれません。

逆に誉められたら臆せず「恐れ入ります」「有り難う存じます」と返します。互いに誉め合うのもいいものです。

138

挨拶上手とは、挨拶のタイミングの見極め上手

挨拶上手とは、相手と交わす挨拶のタイミングを見極めるのが上手な人のことです。

一日の始めの挨拶、つまり朝、出会ったときなど顔を合わせたら、まず自分から進んで挨拶をします。もちろん電話でも同じです。挨拶から始まって本題に入ります。

そして大切なのは終わりの挨拶です。感謝とまたお会いしたいなど、語尾も含めて、最後の言葉を大切にします。

また、パーティではたくさんの人と挨拶を交わすことが重要ですが、そのタイミングとひとことが決め手です。長くひとりと話すことは避けなくてはなりません。ウイットに富んだ優しい短い話を花束のようにたくさん持っていたらどんなによいでしょう。

139

言葉遣いで誤解を招かないように

仲間内で、家庭で、職場で、それぞれの隠し言葉があり、習慣になっている言葉遣いがあります。取引先の会議室で、見知らぬ人のいる場所で、それぞれの言葉遣いがあります。時と場所、相手に合わせて言葉を巧みに使い分けることが望まれます。

けれども、たとえ親しい間柄であっても、何気なく使った言葉で誤解を招くこともあります。親しい仲にも礼儀は必要です。

言葉の誤解は年齢のギャップからくることが多い点も、考慮しなくてはなりません。今は誰もが普通の表現として使っている言葉でも、高齢者には強い印象を与えることがあるのです。年齢や生活環境、経験や職業、時代性（今その言葉はどんなふうに使われているか）などによって、言葉の使われ方が違うことに留意することで、行き違いは少なくなります。

140 何を言うかより、何を言わないか

礼儀を欠かないということは、相手を尊重する表現が上手になることです。この場合、現実的には、何を言うかより、何を言わないかのほうが重要です。余計なひとことが概ね失敗のもとなのです。

不必要な話であれば、しないほうがいい。知り得たことを言いたいのは、ただ自分を満足させたいからです。言うことで自分が満足するより、相手にとってどちらがいいかを考えることがお互いのためです。知っていても相手に不都合なことは、忘れてしまいましょう。良いことだけを記憶するのが得策です。

141

パーティでは、外交官トークとスピーチトークで

外交官はパーティなどでは相手にしかわからない話し方と内容で伝えるそうです。私たちも、壁に耳あり障子に目ありと注意して、相手だけに通じる話し方が必要です。相手にだけ伝えるためには、声の方向を相手に向け、小声でも滑舌を良くし、共通の隠語を取り混ぜ、短く省略して話すこと。他の人の注意を引かず短時間で会話を終わらせます。論争があっても短く、議論は深追いしないのが鉄則です。

カフェなどでの雑談も内容は常に相手にだけわかる外交官トークで話せば安心です。部外者に聞かれても耳触りの良い言葉で話しましょう。

- 大勢に話すときは、特に**滑舌の良さ**が必要です。よく通る声の出し方、声量のコントロールには、呼吸が大きな役割を果たします。日頃から腹式呼吸をして、鼻から吸い込み口から吐きます。
- 発音をはっきりさせ滑舌を良くするために、日本語では「アエイウエオアオ」と大き

く口を開けて母音練習をしたり、早口言葉などで明快な発音を練習します。

- 聞き取りやすく魅力的な抑揚で話します。相手の呼吸に合わせて、吸い込むときに大切な言葉を伝えられたら成功です。
- 高い声を可愛らしさと思うのは誤解です。日本女性の話し声は世界一高いそうですが、それが魅力的かどうかは、時と場合によるでしょう。自分の声の高さとトーンを知り、低い声の練習もしてみましょう。

142 口癖や流行り言葉に注意

聞きづらい話し方のひとつに口癖があります。順に挙げてみましょう。

- ふんふん、うんうん、そうそう、ええええ、そうですかそうですか、など、二回ずつ言ってしまう癖。相づちは「はい」のひとことが的確で清潔、美しい感じを与えます。ときに、「そうですか」「さようですか」「さようでございますか」等が入っても、相づちや返事は一回です。「そーう」とひっぱったり、「あのおう」「えーとお」なども使わないように気をつけます。
- 次に良くない口癖は、モチベーションの下がる言葉です。「忙しい」とか「疲れる」「時間がない（予算がない）」「面白くない」「つまらない」など。
- 「でも」とか「だから」は、言い訳や否定的なことが後ろに続く接続詞です。これも避けるべきでしょう。
- 単調な形容詞、たとえば、「すごい」「可愛い」を連発していると、それでしか表現できなくなってしまいます。

● 「～ので」「～のほうになります」「～でよろしかったでしょうか」「～させていただいております」「～してあげる」など自分自身の口癖を見直してみましょう。たとえば、「～してあげる」は幼児との会話から派生しているようですが、たいていの場合、「～してやる」または「～する」と言うべきところで使われています。

誰でもその時代の流行り言葉に侵されます。間違いかしらと違和感を感じたら、調べてみて使わないようにしましょう。

143 質問にいかに答えるか

呼ばれたら、微笑みながら「はい」と言って、顔を相手の正面に向けます。質問された場合の答えは、相手にも自分にも差し障りがなく、かつ、的確なものになるようにしましょう。

- どうでもいい答えに相手はがっかりします。つまらない質問にも魅力的なひとことが返せたら素晴らしいことです。
- ときに、傷つくような質問をされることもありますが、興奮しないことが肝要です。
- 傷つく質問に返す答えは、お説教でもなく嫌味でもなく、何気なく相手を別な方向に誘導することです。本当に困ったら質問返しをするしかありません。
- 本当のことを答えて相手を傷つけたり、自分を落とすのは残念です。真実を黙っているのは嘘をつくことではありません。相手がその真実を知りつつも口に出さない事柄は、特に他人からは言われたくないということを理解しなければなりません。

- 相手が気づいていなくとも、言っていいのは相手に嬉しい内容の場合です。その場ではたいした反応はなくても、あとから理解して、気分が良くなり前向きにもなるでしょう。
- 反省をうながしたい場合でも、黙って聞くだけにとどめます。自分を理解してくれたと嬉しくなって冷静さを取り戻したときに、自ら反省に至ることが多いものです。

144

相手が望んでいることを言う

相手が望んでいることが言えたらコミュニケーションはパーフェクトです。といっても、権力者に取り入る小者のように、耳触りの良いおべんちゃらを言ってしまえば小者止まりになってしまいます。相手が受け入れられる言葉を選ぶのが正解、ということです。

相手が受け止めてくれない会話は意味がありません。受け止めてもらうためには、相手が望んでいること、または理解できる範囲であなたが伝えたいことを語る必要があるのです。

さらにそこに、元気になる言葉や要素を入れることでみんなが勇気づけられるはずです。良い会話を交わすことで絆としてのコミュニケーションは密度が上がります。

145 簡潔に話す

報告や説明は、私情を入れず正確に簡潔に無駄のない話し方をすることが望まれますが、エンターテインメントとしての会話では、むしろ表現力豊かに、感情のこもった、思わず引き込まれてしまうような話術が必要です。

とはいえ、だらだら無駄話が長く続くのではなく、本題、着地点、落ちがはっきり見える簡潔さが必要ですから、報告や説明と同じとも言えなくはありません。それを十分意識したうえで、わくわく感のあるエンターテインメント性の高い会話を目指します。

• たくさんのことを早口で話すより、的確で簡潔な言葉をゆっくり話すのが理想的です。できれば的を射るような「超ひと言」が印象深く伝わります。
• 短い言葉でも言葉の影響は自分に返ってきます。言葉は刃物と同じように、「傷つけない・傷つかない」注意がいるものです。
• どんな意味に伝わるか、どんな受け止め方をされるかを考えても、とっさにしくじることもあります。相手が気分を害したときは潔く謝り、二度と繰り返さないことです。

146 短いスピーチの形を知っておく

自己紹介をしなくてはならないとき、急に壇上での祝辞などの挨拶を求められたときなど、まったく用意なしにふいに答えることのできる人は、よほど場数を踏んでいるのでない限り少ないはずです。場数を踏んでいる人は、とっさに対応しているように見えて、いつも準備しているものなのです。

一分間の自己紹介文を作っておきましょう。祝辞などの挨拶は、基本形を覚えておきます。まずはお祝いの言葉、次に招かれた御礼、招かれている理由、関係性、今後の期待と願い、祈り。再び御礼、締めの言葉などですが、上手なご挨拶を手本にして考えておくのがよさそうです。

147
間のよいところで口を開く

会話の大切な基本のひとつに、タイミングと間の取り方があります。言葉数は少なくとも間の取り方がよく、「言い得ている的確さ」、これが素晴らしい会話です。さらに、前向きで元気のよい快活な気持ちで話せば、周りも明るくなります。

面白いことを言おうとせず、誠実で楽しいことが好きであれば、楽しい話ができます。間の良いところで口を開き、快活でユーモアを感じさせる会話をしたいものです。

148

話術はドラマに学ぶ

話題には教養とウィットが必要ですが、日頃から知識の整合性を自分なりに組み立てていると、自分オリジナルの教養をつくることができます。聞きかじりの知識のままにしないことです。

構えすぎて、会話の前のシミュレーションで、これを強調したいとか、ここで目立ちたいなどと考えすぎると、不自然な会話になってしまいます。自然な成り行きと感じさせる話術が優れた会話です。何が自然の流れなのかを知っておくためには、その成り行きを疑似体験することが必要です。

小説、映画、劇、TVドラマは疑似体験の宝庫です。それらは感情を楽しませてくれますが、それだけではなく客観的な知性で分析してみることで、状況の流れを大量にストックしておくこともできます。

最近のドラマのストーリー展開はときに複雑ですが、基本は三幕構成です。一幕は状況の設定、登場人物の解説、出来事の発端、二幕はクライマックス、そしてテーマの根幹、葛藤、三幕で解決、結末、成り行きの説明ということです。

これは、ちょっとした会話でも仕事のプレゼンテーションでも同じです。起承転結を忘れずに人を引きつけるようにまとめます。引きつける第一は、これは自分の役に立ちそうと感じさせることです。

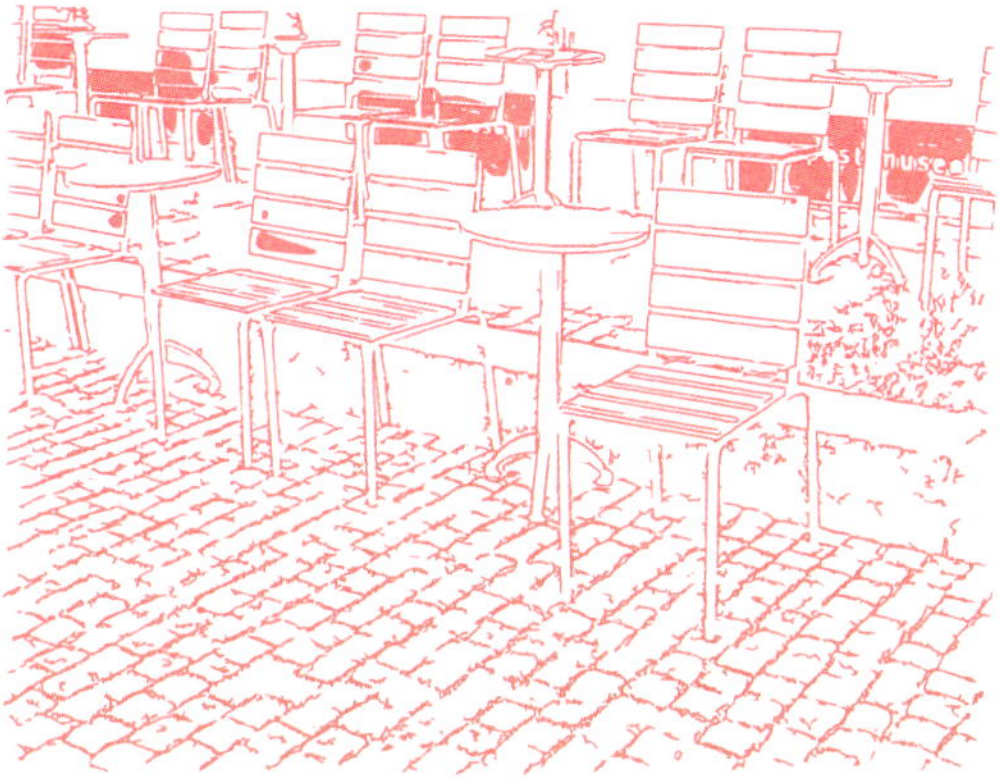

149

元気になる良い言葉を集める

言葉は気持ちや考えを伝えたり、現状を報告したりといった重要な役割を持っています。仕事などの報告や病院の問診に答えるときには、感情や余分な装飾を入れない正確でわかりやすい、つまり的確な言葉選びが必要ですが、人とのつながりをよくするためのコミュニケーションでは、感情表現も必要です。臨場感を盛り上げ、気分が良くなるような楽しい言葉、相手を元気づけ、つながりを生き生きさせる言葉遣いが必要です。気分が高まる言葉の表現、それは良い言葉であり美しい言葉です。前向きな肯定的な言葉だけで話をつくる努力が必要です。

感じたことを表現できる言葉を増やしましょう。楽しく、美しい言葉を探して収集します。そこからさらに関連したものを集めてみましょう。

たとえば共有できる話題の中に、美しさをイメージできる草花、植物、可愛い動物たちの話を組み込んだり、常にポジティブな連想をもたらす言葉を選んで使いましょう。

ノートに思いつくものを書いて、口に出して読んでみます。それから、さらに言葉を探しましょう。

素晴らしい、素敵、清らか、芽生え、盛り上がる、巧み、憧れ、和む、親しい、一生懸命、心が晴れる、美味しい、不屈の精神、慎ましい、柔らか、運がいい、柔和、精いっぱい、ご縁がある、楽しい、正しい、気分がいい、嬉しい、大丈夫、温もり、心勝り、無事、愛おしい、健気、おめでとう、幸運、煌めく、さすが、よい訪れ、大切に、くじけない、お陰さま、有り難う……

サクサク、すっきり、はんなり、しんみり、まったり、トントン、キラキラ、きっちり、カラッと、パチパチなど、日常会話を中心に日本語には擬音語、擬態語（オノマトペ）が他国語に比べ多く使われています。その場の雰囲気がより効果的に伝わります。

良い言葉の表現は、内面生活の財産になります。

コミュニケーションの技　その❷　感謝の表現

有り難うをたくさん言いましょう

折りに触れ、有り難うと言いましょう。有り難うと言って微笑むことは、自分にも相手にもお互いに温もりを感じさせる、簡単で効果的な方法です。言われて嬉しい有り難うであり、言えて嬉しい有り難うです。

いつ言うか？　考える暇なく素早く言うことです。どこで言うか？　言えるときにはいつでも逃さず言うことです。何か理由を考えて、有り難うと言うのも会話のひとつです。

すぐ言うことは大切ですが、あとからでも大丈夫です。先ほどは有り難う、昨日は有り難う、何度でも言い過ぎることはありません。

150 感謝と幸せの関係

感謝の気持ちを持ったとき、ふと幸せだと思えます。誰に感謝するとか、何に感謝するとかではなく、生きているということ自体、多くの人に支えられ、お世話になっているおかげであり、自分が孤独ではないことの証であり、それこそが感謝すべきことなのです。

直接的な行為や思いがけないラッキーな出来事に感謝するのはわかりやすいものですが、目に見えなくとも、直接的ではない巡り合わせにも、何となく良いことにも、できる限り感謝しましょう。感謝する習慣が幸せな気持ちを増やしてくれます。

15

豊富に感謝の言葉を持つ

多くの人が感謝の大切さを教えてくれています。美味しい物と評判が立てば、時間が無駄になるなど考えず多くの人が長蛇の列に並んでも買います。それと同じです。多くの人が一にも二にも感謝だと言っているのですから、確かにそうなのでしょう。

感謝は幸せを引き寄せるのだから感謝してみましょう。美味しいとみんなが言うからと並ぶより、幸せになれるかもしれません。

感謝のフレーズをたくさん覚えてそれに慣れてしまえば、いつでも感謝できます。

そして、それは、素晴らしい謙虚さの表現でもあります。

・感謝の言葉、お礼の言葉、どちらも、「有り難う存じます」「有り難うございます」「有り難う」。どの場合でも、すぐに口に出ることこそが豊富さであり、どう使うかが表現です。

・タイミングよく、時を逃さず言えるように練習しましょう。「お元気ですか」と聞かれたら「お陰さまで」、「お忙しいですか」と聞かれたら「お陰さまで有り難うございます」。買い物をしたときも「有り難うございます。良い物を買わせていただきました」。

- たくさんの人と温もりの変わらない接し方ができると素晴らしいわけです。誰に対しても丁寧な表現となるのは「有り難う」と言えることです。
- 知らない人にはより丁寧に「恐れ入ります」「有り難う存じます」と自然に言えることが大切です。
- 家族でも「有り難う」を頻繁に交わすことで「愛の温もり」が伝えられます。有り難うというのは、アイ・ラブ・ユーの軽い伝達とも言えます。

152

気遣い・気配り・心遣い・心配り・目配り

社会に生きている限り、気を遣うのは当然のことです。気遣いがうまくできないのは反省するべきことです。でも気を遣うということはたいへん難しいことですから、場数を踏んでもなかなか達人にはなれません。

ましてや気を遣っていることを相手に感じさせない、負担に感じさせないとなると、もっとたいへんです。気遣いされていると感じるのも気持ちの重いこと、気遣いは見せびらかすものでも、気を遣ってくださって有り難うと言わせるものでもありません。

ときに親しい間柄だと思っていても、うっかり相手の意に反することを言ってしまいます。もちろん気遣いが足りなかったわけです。そんなときは謝るのが当然です。そして、許してほしいのですが、許されなかったら、逆切れせずに自分からの温もりは変えずに時を待ちます。いつかは互いに有り難うと言える時が訪れるでしょう。

気配り、気遣いに疲れないですむように習慣にしましょう。

- **気遣い**は、相手に対して自分が気づいたことで、良いようにと配慮したり、心配したりすることです。
- **気配り**は、自分の立場から気づき、相手が求めていることを自分にできる範囲で思いやります。部下や子どもに対する配慮などは、心がけたい気配りです。相手から気遣いを感じたら、声をかける優しさが気配りです。
- **心遣い**は、相手の様子を見ながら先を考えて、相手がうまくいくよう計らうことで、
- **心配り**は、全貌を見渡しつつ未来を考えつつ、相手の今を配慮することです。
- **目配り**というのは、周りをよく観察して周囲のすべて見渡しながら、落ち度がないか、滞りはないかを注意して見ていることです。

相手の言葉だけではなく、行為や表情などからも読み取ることです。これらによって人間関係を心地よいものにしていきます。

153

感謝は表情と仕草にも表れる

にこにこしている人は幸せそうに感じます。たとえ笑顔を隠しているつもりでもきっといいことがあったんだわと気づいてしまいます。心からの微笑みは隠し切れません。でも、微笑みを隠そうだなんてもったいないことです。微笑みは、出会った人のすべてに感染するものです。

感謝の言葉は有り難うございます、に始まり、思いつく限りのたくさんのお礼を言うことに尽きますが、硬い表情では嘘になります。

というより硬い表情で嬉しい感謝を伝えることはできません。感謝の気持ちがいっぱいになれば自然に頬が緩みます。目尻が下がります。両腕も広がります。近くにいる人がむしろ受け止めてあげることが必要でしょう。そうすれば喜びと幸せのおすそ分けがいただけます。

ほかの人の喜びも自分の喜びにしてしまえば、おのずと幸せは増えるというものです。微笑めば幸せになれます。

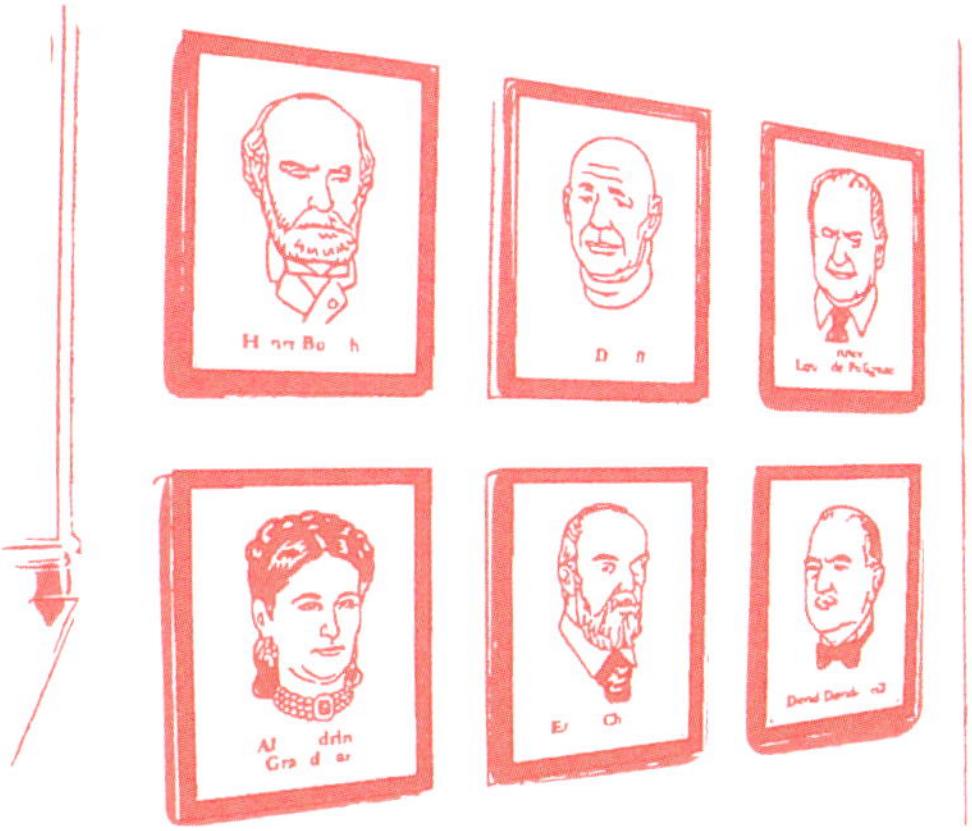

コミュニケーションの技　その❸　課題への対処法

自分を低くしないように注意しましょう

コミュニケーション、人とのつながりは、人生の喜びなのですが、一方、困りごとのほとんどは、人間関係に関することです。人とのつき合いに神経をすり減らし、疲れてしまう人が少なくありません。けれども、気を遣うことに疲れるのはそれが日常的な習慣になっていないということにすぎません。慣れてしまえば疲れることもないのです。

このとき、気を遣って、謙虚に差し控えたり、遠慮したり譲ったりすることも大切ですが、気づかずに自分を低く落としてしまうことだけは注意しましょう。逆に、自慢話をしてしまうこともありますが、これも自分を下げます。思わず、感情のコントロールを失って、相手を傷つける不必要な言葉を使ってしまうのはもっとも取り返しのつかないことです。

154

愚痴、不満、言い訳は提案に変える

愚痴や不満は提案に変えて口にするように心がけます。

不満は自分を甘えさせているように見えます。相手に対する不満が発生したら、ぶつける前にまず、不満のもとが自分にあるのかもしれないと考えてみると、提案という形に変えることができます。

愚痴は自信がないと受け取られます。一生懸命本気でやっている人は、愚痴は言いません。中途半端にしかできていないのに、親しい人に「あなただけに愚痴を言わせて」などと言いますが、これも癖になるものです。それに愚痴は聞く人をつらくさせます。

言い訳をしない的確な行為を積み重ねる努力をしていると、愚痴を言ったり不満を持ったりしている暇はありません。いい加減にしか取り組んでいないから言い訳をしたくなっているのだと思いましょう。

155

とげのある言葉を言わないですむために

とげのある言葉がとっさに使える人はかなり底意地の悪い人です。近づかないように気をつけ、真似ようとしないことです。

とげは口にした人にも刺さります。悔しくても使わないで、優しい言葉に換えましょう。すると、優しい言葉のほうが効果があることがわかります。

他人を悪く言うのは止めましょう。悪く思える人のことは誰もがそう思っているはずだからです。いつかはみんなが気がつくことですから、わざわざあなたが言う必要はありません。我慢できずに言ってしまうと、あなたが「人を悪く言える人」と思われます。気づいていないという態度で、その人を除けておくのが得策です。言葉に出さないことです。

とげのある言葉でなくとも、噂話は聞き流すことが肝要です。万一、噂話に遭遇したときには、深入りしないのが得策です。「そうですか」と聞き流すか、何も答えず別な話題に向けるのがよさそうです。参加してしまうと同罪になる恐れもあると覚悟しなくてはなりません。

自分に対する苦言や冗談めかしの誹謗中傷、からかいなどには応答せず、聞き流します。別な話題への転換を心がけます。

特にお金への執着を感じさせるテーマには関わらないのがよいでしょう。

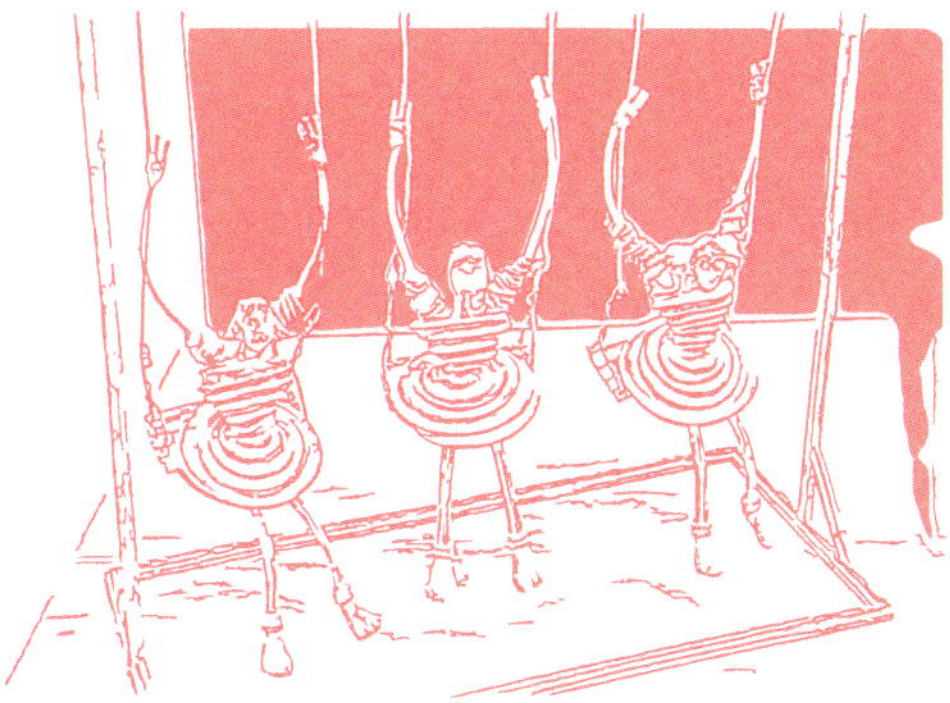

156

受動的攻撃性への対応を知っておく

自分は正しいと頑固に思い込んでいる人が結構多いのです。自分の期待と違っていたことで相手を責めます。自分は正しいという気持ちから相手を非難したり、批判したり、自分はこんなに努力しているのに何もしていないと決めつけます。自分の攻撃したいことに他者を巻き込み、そんなことをしていていいの、やめてしまったら、などと誘う人もいます。「信念を持っています」とか「信念に基づいて」など頑なに意を強める人もいます。

そういう人たちに共通するのは、自分はこうしたいとはっきり言わないところです。このような人たちが増えています。「受動的攻撃性」を持った人には、危険ですからできれば近づかないですませるのがよさそうです。巻き込まれてしまった場合は、相手のことは非難せず自分のやり方を通します。「同意はできませんが気持ちは認めています」と伝えましょう。

157

高級店での言動に注意する

高額な商品を買う客だと言わんばかりに威張った態度で振る舞うのも、高級店に入っておどおど遠慮がちなのもどちらも滑稽です。いつでもどこでも、堂々と丁寧で自然な振る舞いと会話ができると美しく見えます。

それ以前に、予算さえあれば（お金さえ持っていたら）、どこにでも勝手に入って好き好きに振る舞ってよい、という考えこそ間違いです。自分にふさわしい店がわかっていることが知的な行為です。

間違って不似合いと思える店に入ってしまったら、柔軟に自然で丁寧な客ぶりで会話をしましょう。店側は買ってもらうだけではなく顧客の適切な振る舞いによっても、良い気分になります。買った物を受け取るときも、店を出るときも有り難うと言いましょう。

158

「いなし言葉」を使わず上手にいなす

常に優位に立ちたいと望んでいる場合、自然に上から目線になる恐れがあります。上から目線にならないように極力注意をしていれば、逆に、良い評価が得られます。考え方や行為に上から目線がある場合、言葉だけでへりくだっていても、相手には上から目線が伝わります。意識していなくとも、優位に立ちたいというマウンティング行為は自分の品格を落としています。どのような相手にも敬意を持つことを忘れないようにします。

ネガティブな話には誘い込まれないようにしましょう。マイナス傾向の話にはそれ以上入り込まず、本筋のするべきことはこれではないかと提案するのが得策です。話を切り替えるためには、どのようなテーマでも目的を重視すること、照準を明確にすることでしょう。脇道のネガティブな話の場合は、切り捨てるのではなく、「少し様子を見ましょう」と棚に上げておくのもよいでしょう。

ネガティブな怒りに出会ったときは静かに、腰を低くして怒りが通り過ぎるのを待ちましょう。

やり込められないよう先手を打つために無意識のうちに使っているのが、「いなし言葉」です。相手を黙らせてしまうと、その瞬間にほっとできますから、何でも「いなしてしまう」癖がついてしまいます。たとえば、「そんなこと、今、わかったの」「どうでもいいじゃないの」「しかたがないでしょう」「ひがまないでね」など、親しい間柄でもふつうに使っていますが、相手に我慢をさせ、無理に沈黙を強要することで成り立っているわけです。

「いなし言葉」を使わず相手の話をそのままに聞けば、相手の感情も終息します。そして、話を明るい方向に向けるのがよいでしょう。

ネガティブな人ほど、いなし言葉でその場を終了させがちです。ネガティブな人とは言い争わないに限ります。決して言い負かすことはできないからです。自分を低くする罠です。

159

社交辞令で失敗しないために

行事や式典などでの挨拶の社交辞令はあまり深い意味合いはなく互いに円滑さだけを願っているわけですが、日常的な発言や挨拶で、社交辞令か親密な話か見分けにくいこともあります。頭から社交辞令だと決めつけて聞き流すと、大切な言葉や気持ちを汲み取れないこともあります。

褒め言葉の社交辞令といえどもしっかり聞けば、その人にとって自分がどんな位置づけをされているかがわかります。

社交辞令でその場を和らげたいとすれば、そこに必要なものはやはり敬意です。相手も社交辞令と聞き流すだろうといい加減なことを言ってはいけません。たとえば、自分より年上の人の持ち物を、「あら、可愛いですね」などと褒めるのは、褒めていることになりません。その心は年甲斐もなくなどと、けなしているのです。そんなつもりはないとしても、相手はそう判断します。

160 婉曲表現で穏やかに

批判をするのは自分の立場を考えたうえでのことですが、どんなに反対したくとも正面からは危険です。婉曲に、または回り込んで相手を傷つけない否定、それが誰でもやっている処世術です。**まずは相手の意見を肯定してから、「たいへんだけどこんな方法もあるかもしれない」**とか**「思いはわかるけれど、その方法以外にもあるかもしれない」**など。

危険なのは、**「一般的に」「普通は」「女性は」「男性は」そうではない**、と言って否定することです。上から目線、誰でも知っているのに、といった感じを与えます。**「思いつき程度ですが」**など、言われて考え直す気になってもらえるようにもっていくか、もしくは無視されても婉曲さを保ち続けるのが安全です。

断定的なセリフ、攻撃的な言葉は避けて、穏やかな言い回しをすることです。

161

答えたくないことには答えなくていい

ときとして丁寧な言葉で不躾なことを聞いてくる人がいます。そんなときは、戸惑った様子で。またはまったく無反応であることも許されます。答えたくないようなことを聞かれたら反応しなくてよいのです。

相手に誠実な受け答えをしたいとあなたが考えるほど、相手はそのことに重きを置いていません。大切なことを聞きたい場合は、必ず答えたくなるような問いかけをします。

不躾な問いかけには無反応が適切です。できれば方向転換した話題をこちらから提供します。

162

他人の領域に深く踏み込まない

親しい間柄でも、相手が自信を持って自分の領域としているところには、深く踏み込まないほうがよいでしょう。議論をして相手をへこませても感情的な壁が残るだけです。初対面の場合は、互いの専門を確認し、相手を尊重します。どんなレベルの人かを会話の端々から感じとります。

このとき、自分勝手な思いが強いと判断が狂います。私的なことは質問せず、さらりと大人の会話をしたいものです。

163

上手な嘘もある

表情にも出さず、一生ばれない嘘は本当なのか嘘なのか誰にもわかりません。たいていは、追い込まれて、つい本当のことが言えないだけのことが多いわけです。犬でも猿でも嘘はつきます。嘘がつけるからつくのです。

一方、誰も本当のことを聞きたいなどと思っていないのに嘘がつけない人というのも困りものかもしれません。

人を傷つける嘘ばかりではなく、人を和ませる嘘もあります。ユーモアや人を楽しませる面白い話には嘘がつきものです。

気をつけたいのは、すぐばれるつまらない嘘で信頼をなくさないことです。

164 よき相談相手となる

人から相談を受けた場合、自分が答えたことに相手が納得してくれれば、自分は気分が良いものですが、相手にとってもそうなのかは、わかりません。いろいろなことを言い過ぎると、相手は飽和状態になり、受け止めて咀嚼することができません。

- ヒントになるキーワードを説明して、相手が気づくのを待つことが解決の道です。
- 相手の怒り、哀しみ、不満……あらゆるネガティブな感情に、同情心から自分の感情を共鳴させると、不満が増殖します。相手の感情を自分と共鳴させることなく、客観的に受け止めて、相手が適切な方向に向かうように支えましょう。
- 人の不幸は蜜の味とばかりに、相手の感情を弄んだり、強い同情心からいっしょに落ち込んでしまうのも適切ではありません。

165

初対面の人との会話を楽しむ

知らない人と会話ができないというのは、大人ではありません。何かきっかけを見つけて知らない人に話しかけるのは楽しい、と思うのが第一歩です。上手に話ができなくても、相手もさほど気にしません。初めての場で、自分を知る人がいなくても、周りと積極的に打ち解ける勇気を持ちましょう。

- 退屈ではないか、つまらない話では相手に失礼かしら、と心配することなど無用です。
- 物怖じすることなく話せるからといって、周りに頓着なく意味のない会話を撒き散らすのは迷惑なことと認識して、ほどよく楽しみましょう。
- 笑顔があれば、話し上手でなくとも、打ち解けることができます。
- 言葉数を少なく相手に声をかけ、相手から話を聞き出す努力をしてみましょう。自分が語るより相手に語らせる技を鍛えるのです。

166

テーマのある会話

大それたものでなくとも、問題意識となるテーマや関心事を持っていると、情報も関連のある人物も向こうから近づいてくると思えるほどに集まってくるものですが、実はそれは、自分の感覚が今まで気づかなかった「そこにあるもの」を見つけたにすぎません。

テーマや目的にふさわしい人や物との関わりは、テーマのない漠然としたおつき合いよりずっと楽しく、疲れることもありません。仕事や好みは違っても原理原則に近い会話は共有できます。

よほど親しくない限り、健康問題、家庭の揉めごと、お金に絡んだこと、自慢話は、たとえそれが愛犬の成功談であっても、しないのが原則です。プライベートな話は慎むのが無難です。

ざっくばらんじゃないと言われても、もったいぶっているのではありません。素直さと正直さが表れていれば、テーマのある会話の中で十分に自分らしさが発揮できます。

167

自分の言葉で話す

内容に一貫性がある話はじっくり聞きたくなるものです。話す内容や言葉に責任を持っていると、そこに真実が感じられ、確かなものを見せてくれているように思えるので、人は耳を貸してくれます。さらに言行一致していると、リアリティを感じます。そんなコミュニケーションを交わしたいものです。

- 親しい友人や家族、見知らぬ人、仕事の相手それぞれに言葉を使い分けられることが会話の面白さであり、コミュニケーションの上質な表現です。
- とりつくろっていても、どのレベルの会話がその人の真実の姿なのか、相手は見破っているかもしれません。その基準は自分が決めることです。
- 親しい間柄であっても、どこまでくだけるかの気遣いは、相手に失礼がないというだけではなく、自分のためにもなることです。

- 自己主張だけをしているように見えないためには、「私は何々と思う」など、「私」主張を避けます。思うではなく「思える、見える、感じられる」などにします。
- 相手の発言に対して否定的な意見や反対は極力避けて、まずは同意します。「その熱意が素晴らしい」「もっと進めるとどうなるのでしょうか」など、結果が見えている場合も、相手がそれに気づくのを待つ必要があります。
- 自己主張せずに相手を動かせたら、そのほうがよいでしょう。知識や他人の言葉ではなく、内面で培った自分の言葉で考えて話しましょう。

コミュニケーションの技　その④　絆を深める

友情、そして博愛は、現実的に可能です

人は温もりを求めており、絆なくしては生きられません。懐かしいものを求めるのも、故郷に思いを馳せるのも、絆や温もりを求めて、その手がかりを探しているのです。現代において、上手なコミュニケーションは、人としてもっとも重要な躾です。的確な表現、相手に対する敬意、それに加えて、相手の立場と思いを理解する優しさが必要です。

168

愛とは相手を守ること

家族や親しい友人は、互いにそれほど意識はしていませんが、愛を与え合っています。特に親から子どもへの愛としては、温かい眼差しが送られ、子どもの成長が促進されます。それを感じとることができれば、自分も同じ眼差しを返します。

自分だけが求めすぎている愛は、利己的で心を閉ざした愛ですから、相手には快く感じられません。優しさがほしければ自分が優しく接し、微笑んでほしければ自分が先に微笑むことです。相手を守れば、相手も自分を守ろうとしてくれます。愛は相手を守ることなのです。問題は、その時々の感情で相手に対する温もりを変え、温もりのレベルを一定に保てないことです。それが互いに翻弄し合うことになり関係を残念なものにしてしまいます。

人との関係、つながりは、自分からの積極性に裏付けられています。積極的な人をパワフルだと判断しがちですが、積極性とはエネルギーの量ではなく、自分の意識の方向なのです。

169

友情の言葉とその意味

あなたの傍にいる、あなたの心とともにある、それが友情です。金銭的援助だけではなく、精神的援助のできる友人こそ、本当の友情の持ち主です。いつも有り難うと言い合っている相手のはずです。あなたのお陰ですと感謝している相手です。相手の個性を納得して、自分との違いを認めて、ともにあるというのは素晴らしいことです。

その気持ちを変わることなく貫くことのできる友を何人持っていますか？　数ではなく、ひとりでもいれば素晴らしいことです。

友情は見捨てない、貫き信じるものです。親友になりたいと望んでいるだけでは友は向こうからやってきません。近づいて来てくれている友を見過ごしたら残念なことです。まず、自分から友を受け入れようという積極的な方向に気持ちを向けましょう。良い友とは自分も磨かれ、ともに成長できる相手のことです。

そして、友に対しては、言葉遣いは省略された気軽な普段使いの言葉を使っていても、通常の何倍かの気遣いをするべきです。気やすい思いからわがままなもの言いや相手が傷つくことをうっかり言ってしまったら、取り返しがつきません。

親しくない間柄なら、そんな失敗は時間とともに、噂とともに、消えもしますが、親しい間柄で何気なく言った言葉が消せないわだかまりになることには気をつけなくてはなりません。

自分を助けてくれる人は身近な人ですから、その分、大切にしなくてはなりません。わがままの言える相手であり、何でも隠さず言えるのが友人ですが、友情を守るためには、できる限り大切に気遣う必要があるのです。

最初は誕生日をそれとなく知って、お祝いのメッセージを送ります。「元気？」と聞かれたら「お陰さまで」と答えて近況を伝えます。相手の写真を撮ったら忘れずに送ります。相手が会う約束をキャンセルしてきてもそれを許し、自分は守ります。相手の意向を大切にします。会った後に、楽しかったと感謝を忘れずに伝えます。たまには無条件で受け入れる言葉をかけます。

これらが長い親友関係を保つポイントです。親友の一点の魅力を大切に忘れないことでしょう。

170

慈悲心が持てるように

哀れむことは、苦しんでいる人に優しい感情を伝えることです。気の毒に思えても何もできなかったり、相手も何か求めているわけではない、つまり自分の困った状態を理解できていなかったりする場合もあります。そんなとき優しい感情を与え続けることで、相手も優しい気持ちになることができるかもしれません。

慈しみ、そして、憐れみを同時に持つことは、あらゆる人に平等な友情を持つことです。慈愛は母が子どもに与える無償の愛であり、憐れみは優しく温かい感情、心からのサポートです。

自分から平等な友情を保ち続けたいものです。誰もが博愛にたどり着けるのが大人の社会でしょう。

17 心の温もりを一定化させる

どんなに冷たい人でも、人はすべて温もりを求めています。温もりを与え合うのが絆です。

温もりには変わらない安定した優しさ、変わらない温かな気持ちが重要なのですが、多くの場合、自分の思いに任せて、温もりに温度差をつけてしまいます。出会ったときから相性の悪い人には温もりは感じないなどと言わないで、せめてニュートラルにしておきましょう。

以前、親しかった人とも、しばらく会う機会がなくなったり、何かの行き違いで誤解が生じ、気分を害したまま時間が過ぎて、別のつき合いやグループが自分の生活の中心になることもあります。多くの変化が人と人の温もりを変えやすいのです。温もりを変えるとさらに誤解が生じ、正確な判断ができにくくなります。

つまり、温もりの一定化は客観性を持つためにも絆を大切にするためにも重要です。

- 相手からの行為や言葉に温もりの変化や違和感を感じても、相手を追及せず、自分を追い込まず、**不確かなままに受け止めておく度量**が必要です。
- 相手の温もりが変わり、自分との関係をもう無用だと思っていることがわかったとしても、**自分の温もりは変えない**ことです。
- 温もりに小さい大きいはないわけですから、少しでも温もりを感じた場合は、嬉しく思い、感謝することです。
- 自分からの温もりは一定にできても、相手からの温もりの変化をどう受け止めるかが難しいわけです。度量を持つには、**一拍置く**、しばしの時間をかけ、急いで確かめず、一喜一憂せず、別なことで納得するなどと、自分の気持ちに幅を持たせてみましょう。
- 心が温まっていると元気でいられます。身体を患っている人をみんなが励ますのは心をみんなで温めようということでしょう。患っている人の心を温めれば元気になるはずです。逆に**人の心を冷やさないよう**に互いに注意しなくてはなりません。
- **良いことだけを受け止めて**おけば、自ずと心の温もりは変化しません。
- 温もりは気品に関係しています。温もりを変えないことで、あなたの気品は維持されるのです。温もりの一定化は気品のバロメーターです。温もりが一定化されているということは気品が満ちているということです。

第6章

生活規範を躾ける

職業や地位は、あくまで役割にすぎず、私たちの人生のすべてではありません。職業やポジションに関係なく、誰もが自分を磨き成長させ、自分自身納得のいく自分を自分でつくっていくのが人生の要です。自分探しというのは「探す」ことではなく、「創る」ことなのです。

この最終章では、そのための、自然で心地よい「生活規範」づくりのための躾を扱います。

生活規範　その❶　人生の目的と目標

自分の生活規範をつくることを考えてみましょう

生きる目的にたどり着くのには紆余曲折があるでしょうが、その目的とは、誰にとっても「美しく幸せである」ことではないでしょうか。「美しい心で、美しい行為を重ね、美しい人間関係を築き、美しい社会にしていく」ということです。昔からそう言われ、先人はそれをいろいろな形で伝えていますが、残念ながら惑わせるものの多さで、簡単にはたどり着けません。

多くの人が、人のために役立つことをしたいと願いますが、それは、人の役に立つことが自分にとって幸せであると思えるからでしょう。

生きる目的（美しく幸せである）のために、あなたはどんな目標を立てますか？

172

目標を今日の行動とつなげる

目標は、目的に近づくために差し当たって目指すものです。目的達成のための段階的目印です。目的のために目標を立て、今、取るべき行動をそれに結びつけます。目標は今日の行動の一歩とつながっているのです。

目標のために今日すべきことを知っていれば、それで現実は昨日と違うものになります。今日の現実が目標と関係していれば、達成に近づいているのです。思いがけないことに、自分が動いてみると、予想していなかった方向が見えてくることがあります。

目標は目的に近づく一里塚です。小さな目標をこなしつつ目的に向かいましょう。

173 目標を目的につなげる

何をやってもものにならず、やったことがつながらないと嘆くのは、これをやりたい、知りたいという目標はあっても、ではなぜそれをマスターするのか、その先に総括する目的がはっきり見えていないからです。目的があれば必ずつながるはずです。無駄になるものは何ひとつなく、一つひとつの目標をクリアして目的にたどり着くのです。何をやっても目的の役に立つのです。

- **目的**　最終的に目指すもの。何があっても揺るがないもの、最終実現であり到達地点。
- 目的の抽象的総括は「幸せ」「美しい」であっても、その表現、それを味わえる現実としての目的は、具体的な行為、もの、空間、環境などとなって現れます。その理想を具現化するために目標を持ちます。
- **目標**　目的を達成させる手段として目標を立てます。目標は生活のさまざまな項目で分散します。仕事（それ自体、生きがいにもなります）、経済（生活のための予算）、健康と休養（趣味、運動、睡眠、食事）、社交（多い少ないにかかわらず人づき合い）、自分磨き、社会貢献などが、誰にも共通する項目です。それらを時間で総括してバランスをとりながら、目的に近づく目標を組み立てます。

174

忙しいのが仕事

生きているだけでも結構忙しいものです。ましてや、目標や期日のある仕事は、さらに忙しく感じられて当然です。では、忙しさを解消するにはどうしたらよいのでしょう？

忙しいというのは何から手をつけたらよいか、わからない状態のことです。

まず「忙しい」という言葉を使わないことで忙しさを緩和できます。

やるべきことを見定めるために、気になっている事柄をすべてメモして集めます。次に、そのメモに優先順位を付けます。

メモに書いた一つの仕事を片付ければ、その小さな達成感がエネルギーに変わって次が手早くなります。次々に自分のやっている姿が想像できるようになってスピードが速くなります。

仕事の所要時間を予測します。前にやったことや、作業の内容が似ているものにかかった時間から想定します。そして、時間の調整など計画性をトレーニングします。

仕事を始める瞬間から集中して入ります。スタートの合図を自分にかけます。

忙しがるのは心に余裕がないことです。一日に一度、朝、ゆっくりした動作で窓を開けて、風のながれを感じ、その風で動くカーテンに気持ちを膨らませてみると、気分がリフレッシュして効率が上がります。忙しがるのは心に余裕がないことですから、リフレッシュで効率はアップします。


仕事に対する見通し、進め方がきちんと立っていると、量の多さがすぐに「忙しい」という言葉にはつながりません。上手に段取りよく仕事を進められるのは、仕事の量や相手の問題ではなく、自分自身の心の余裕の問題です。人の厚意や協力に素直に応じられるのも余裕です。

仕事をスマートに賢くコントロールできたら楽しくなります。

出来栄えの良い仕事を自分に期待しすぎても失敗を招きます。うまくできたと褒められても、それは励ましの意味の場合が多いと言えるかもしれません。

175 お金に関する生活規範

「予算がないからできない」というセリフは、大きな事業にも小さな出来事にも使えて便利です。やりたくないときの言い訳であったり、断りにくいものを断るときの口実です。どこでどう使っても、言い訳に変わりはありません。

言い訳をしない生き方は、目標を達成しやすい生き方でもあります。言い訳を伴う断り方をするより、自分にできる範囲で受け止めることが堂々とした生き方です。

宝飾の販売達人は買わない人に見せたりはしません。詐欺師やセールスの達人は予算のあるなしではなく、その相手を見ています。よく言うお金の匂いを嗅ぎ分けます。面倒なことをお金で解決しようとか、お金さえあればすべて何とかなると考える相手は扱いやすいのです。お金にとらわれていると、意味なくお金に翻弄されます。

では、堅実であれば予算が回ってくるかと言えば、それは努力次第であり、機が熟せばということです。ままならないものに対しては毅然とした態度であることを規範にしたいものです。

　とはいえ、予算がない、時間がない、はむしろ、心に余裕がないことの表れであることに変わりはありません。

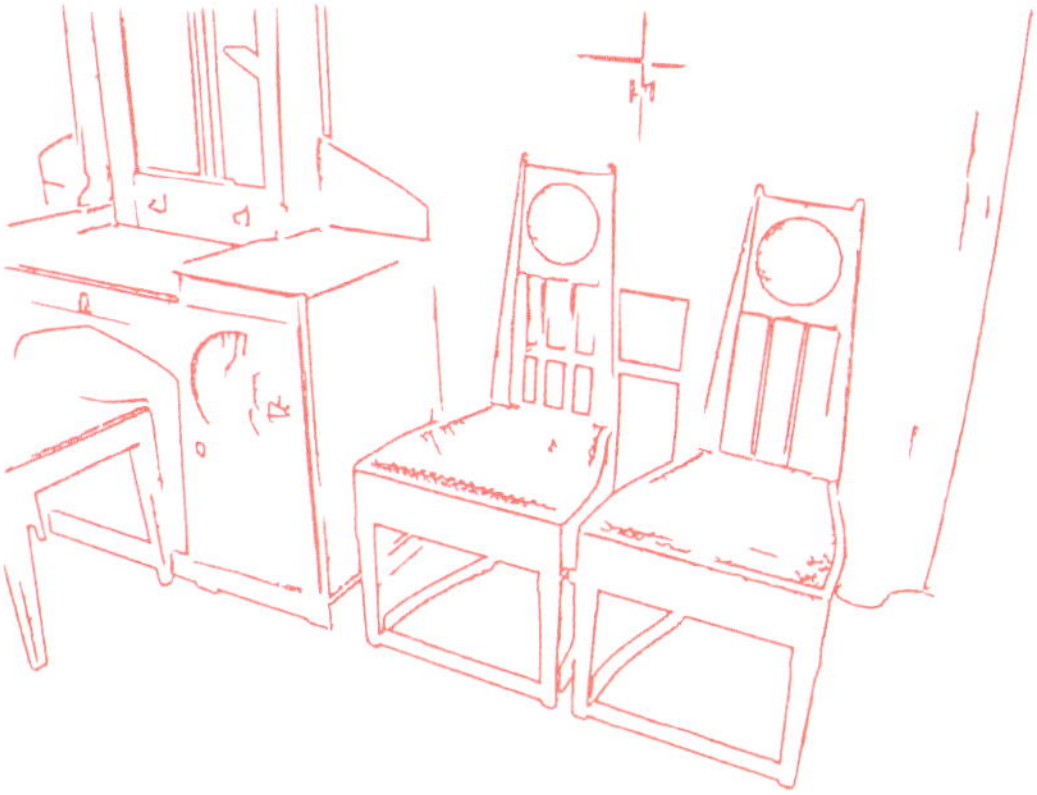

176

時間を大切にする

時間を限られたもの、「今という時間」はもう二度と帰ってこないものと意識すれば、その大切さがわかります。互いの共有する時間において、目的を効率よく実行してこそ、時間の有効活用です。時間を守ることには二つの意味があります。

ひとつは、時間を守るということは、**約束を守る**ということです。もうひとつは時間を大切にすることは、**相手を大切にする**ことです。

約束の開始時間を守り、終了時間を守ります。その習慣は約束を守る習慣にもなります。それは自分ひとりの時間であっても同じです。あらゆる意味で「時は金なり」です。**待ち合わせには遅れない**ことです。初めての場所には早く着いて、その環境に慣れておきます。待つ時間を有効に使う技を身につけておけば、早すぎて手持ち無沙汰になる心配はありません。

たとえば写生です。豆スケッチブックと筆記用具をいつもバッグに忍ばせ、目の前にあるものを描きます。どこでやめても上手に描けなくとも、写生は「ものに向き合う」

という行為の習慣づくりに非常に役立ちます。

時間が空いたらと思っても時間は空きません。自分の好きに使える時間に価値を見いだしたくなりますが、時間はすべて自分のものですから、したいこともしなくてはならないことも平等に、今、優先すべきことに用います。

「したくないこと」はアスリートの気分で正確に時間と競争します。「したいこと」はアーティストのごとく時間など気にせず限りなく集中します。

気になることは後回しにせず気になった瞬間に処理します。後回しにしても瞬間に処理しても時間は同じですが、やるべきことを貯めると大量の時間を要します。瞬時にすませば、行為の達成感とともに手際の良さも身につきます。

二十四時間すべてが自分の時間だという認識から始めて、どの時間もその瞬間を大切に有効に輝けるものにしようと努力してみると、意外に余裕が生まれるかもしれません。ままならないと思わずに、上手にコントロールすると爽快な気分になります。

177

日常的な行為の所要時間を把握する

多機能携帯電話に頼りすぎています。多くの人が命の次に大切だと思っているくらいですがそれは危険です。デジタル中心であってもアナログの対応も併用します。時刻については腕時計を、ということではありません。女性の時計は今やブレスレットに近いアクセサリーのひとつであり、男性の時計はそのお値打ちがステータスにもなっているかもしれません。それよりも体内時計を鍛えることです。

時間は、自分の体内時計の精度を高めて、始まって何時間ぐらい経ったかの所要時間で、おおよそのところを感知します。

同様に、主要な生活行為にかかる所要時間も、適切に把握しておくことです。所要時間を把握していると、日常生活を効率よく進められます。この時間で何ができるかを知っていれば、隙間時間を無駄にせずに使えます。時間がないと慌てることも少なくなります。

このためには、日常的な行為の時間を計っておくことです。入浴時間、歯磨き時間、洗顔時間、メイク時間等々、あらゆる自分の生活時間を記憶して、時間の観念を正確にしましょう。

もっとも大切な時間は睡眠時間です。自分の体調に合わせた睡眠時間の確保、その日の始まりとしての起床時間を起点として、一日の所要時間を組み合わせます。

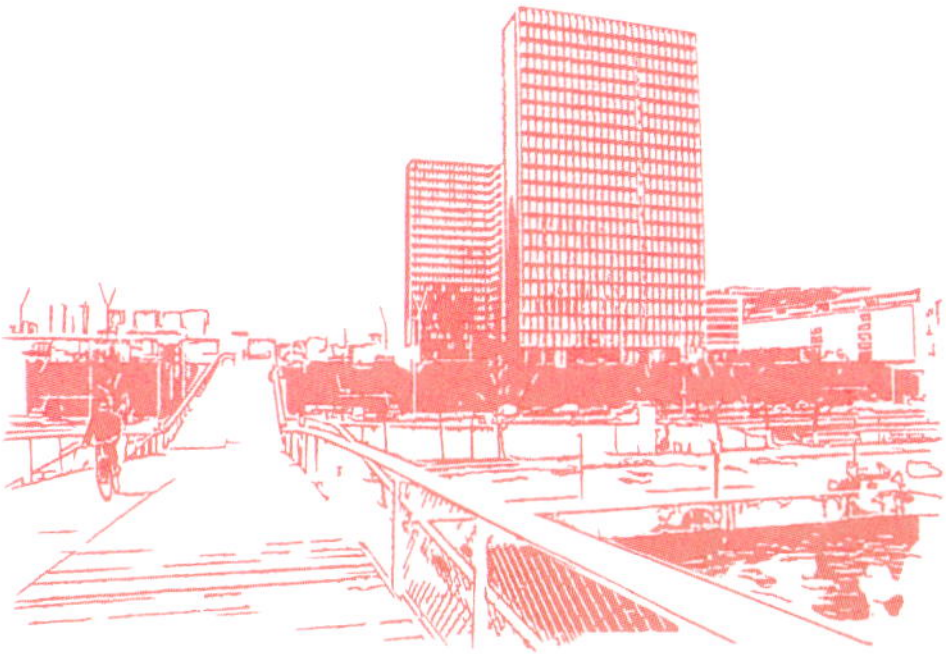

178

自然を考える

日本人の自然に対する考え方は、人間と自然が宇宙において一体であり、人間はその一部だ、というものです。西欧では、自然は神がつくり、人間も神がつくり、自然の上に人間がいる構図になりますから、自然を征服したいという願望が強く、働くことは、神からの「罰」と考えています。

自然と一体である日本人にとっては、自然に四季があるように、自然が変化するように、仕事は与えられた役目であり、喜びにもなります。自然が何にも勝る師だということを知り尽くしています。極めたくなる特性がここで発揮されます。仕事は楽しい生き甲斐なのです。そして、人間は自然と同じ宇宙の一部なのです。

自然を考えることでの生活規範は、健康と休養をバランスよく保つことです。何が適切とひとつのパターンに絞り込むことはできません。人の身体の特徴には個体差があります。地球規模で見ると、眠らない人もいれば食べない人もいます。

昔は太陽とともに目覚め、太陽が沈めば身体を休めるのが原則でしたが、昼夜を問わず活動している都会暮らしの人に、夜ふかしは不健康だからやめなさいとは言い切れません。むしろ夜のほうが仕事がはかどるという人もいるかもしれません。

とはいえ、最近は都会でも早起きが主流となっているようです。すると、当然夜早く眠らなくてはならないというサイクルになります。

地球温暖化、気候の不順が激しくなってきた現代においても「季節感」は、日本人にとって心と生活のよりどころです。日本文化の基本は四季を愛でることにあります。その四季に合わせた行事を愉しみ、生活の喜びとしてきました。日頃は質素であっても行事を大切にして、衣食住のすべてにおいて、生活の美を発揮してきました。

そのメリハリは生活のリズムをつくります。家族の共同作業の中でつながりが強くなります。日常生活を心地よくするには、いつも同じではないことが必要です。家族の記念日や誕生日などは、身近な行事として家族で喜び、愉しみたいものです。

生活規範　その❷　生活習慣

新しい生活習慣をつくり出しましょう

生活はほとんどが習慣で営まれています。自分の習慣は他の人と同じと思いがちですが、それぞれに違った習慣を持っていると思ったほうがよいかもしれません。食べ物の好き嫌いに始まり、食事時間、食事の回数、睡眠時間、いつ眠るか、いつ入浴するか、暑さ寒さの感じ方など、挙げていけば枚挙に暇がないと言えましょう。

自分の習慣で固定された内容を脳が実行して身体を動かしてくれるから脳に指示を出す必要がありません。自動運転と言えます。環境（住む場所、住居形態、家族）の変化で習慣を変える必要が発生すると、実に戸惑います。仕事内容の変化、境遇、立場などの変化も同じです。習慣は便利なもので、それを変更するのは厄介とも言えますが、これまでの習慣を変えることは、身体機能の活性化をも促す、前向きなリセットです。

179 類い稀なる良い習慣

らくに生きるためには、生活を良い習慣性に委ねるのが理想的と言えますが、まず自分で生活規範をつくり上げ、さらに、いかに生きるかをクリエイトする自分文化までをつくるとすれば、それは、ただの習慣ではなく類い稀な習慣になります。

- 良い習慣の最低限はまず**健康を保つ**（昼寝十五分、筋トレ十分、階段を使う、ジョギングか散歩十五分、お水を持参、外食を減らす、合間にストレッチング、背伸び、深呼吸）
- **知識欲を保つ**（十分読書、１フレーズ記憶英会話、ことわざ、古典音読）
- **創作に興味**（アイデアメモ、縫いもの、スケッチ、写真）
- **日常経済**（レシートチェック、一日貯金、生活レベルアップのための不用品チェック）
- **メンタル習慣**（何人褒めたか、何人に笑顔を見せたか、いいこと日記一〜三行）
- **自分のポリシーに沿った内面の習慣**（優しさ表現言葉集め、手書き）
- **自分磨きの習慣**（自分のよさを書き出す）

180

注意力を高める習慣

注意力を高めるためには、ストレスコントロールが必要です。心ここに在らずは不注意を招きます。イライラしていると、すべてに注意が散漫になります。まずは精神状態にかかわらず、丁寧に行う習慣があれば、注意力が劣っていても少しは、不注意から来るミスを免れるかもしれません。

注意力と集中力は微妙な関係にあります。ひとつのことに意識を向け続け、没頭するのは集中力ですが、ひとつのことをしながらも周りにも気をつけるのが注意力です。全体を見据えて気を配る力です。集中しながらも周囲にも意識を向けていなくてはなりません。自動車の運転などは集中力と注意力の両方が同時に必要です。

- 集中力も注意力も、持続しすぎると、心身の疲れを招きます。十分な訓練と適切な休憩が必要です。
- 重要なこと、必要なことを選択して、注意力を活用すること。万遍なくすべてに注意力を発揮することは難しいと言えますし、慣れているからと注意を侮ると、問題が発生します。慎重に注意力を活用することが必要です。

- **優先順位を即座に決める**ことが必要です。複数の注意力が必要なときも、どの点に注意するか、分割して配分すれば、スムーズに注意力を活用できます。
- 自分の欠点弱点に合わせて、**日頃から注意すべき項目を意識しておく**とよいでしょう。
- 互いの煩雑な状況を考えて、相手任せにしない、相手のせいにしないで、上手に補い合い、不注意が災いに発展しないように気をつけたいものです。

181

選択力を磨く

人生は多くの選択で成り立っています。人生の節目の大きな選択だけではなく、日頃から多くの細かな選択をしています。選択力は人生の決め手のひとつです。ところが、それは必ずしも意識的に行われているとは限りません。まずは選択することに対する意識を高めることから始めましょう。

- 軽率な選択とは一瞬の恐怖からの自己防衛、身勝手な利益、この瞬間だけを逃れたいだけの都合などでの選択です。
- 選択好きな人は他人のことまで選択してしまいます。良い判断の選択のときもあれば、そうでないときもあります。他人に選択を委ねても、それは自分の選択だと自覚することが必要です。
- 選択力は、一に速さ、二は先のことも考え、他の要素も含めた総合性ですが、未来に対するはっきりしたビジョンがあれば選択の効率は高くなります。

- 優先順位は選択に重要な要素です。行動方針での必要性と、多くは時間の順位です。常に目的に対してもっとも大切なことは何かを自覚しておきます。自分の考え方で譲れないことなどが上位の選択肢でしょう。
- 究極的には命が守られること、家族に災いがないことなどが挙げられます。もう少し余裕のある選択の場合としては予算の問題です。配分の問題とも言えます。とかく目先の選択をして、無駄な選択だったとあとから気づくことが多いものです。自分のためだけを考えるより、周りを考えてバランスのとれたものは成功率が高いと言えます。
- 選択に際しては、過去の経験や擬似経験、知識、豊富な現在の情報から、選択肢を導き出すわけですが、豊富な情報に振り回されないためには、自分自身が知的な選択力を持たねばなりません。瞬間的に選択できるためには日頃から選択することを意識的にトレーニングし、失敗してもすぐ次に役立てるようにしておくことです。直観力も選択の速さには影響します。
- 二者択一、トレードオフ。あちら立てればこちらが立たず。一方を選べば一方は切り捨て、という難しい選択の場合、正しい選択だったかどうか、その評価はあとになっても判断が難しいことが少なくありません。むしろ選択したことが正しいと認められるために、決めた後の努力が必要なのかもしれません。

182

思考力の基礎を鍛える

考えることとは、「なぜか」という疑問に対する答えを導き出すプロセスです。考えすぎとか、理屈っぽいと言われない程度に考える習慣をつけ、その答えに心身ともに快適になれば、輝く自分を感じることができます。

- 考える基本は、「なぜ」という疑問を常に持つ習慣から始まります。次にその内容に合わせてできるだけ多くの情報を集めます（人に聞く、観察する、検索する、本を読む。常にそのテーマを頭の片隅に残しておくと自然に集まります）。
- 情報は、知っていることや昔のことわざや歴史的な成り立ち、事件や事故の原因ということなどの事例から、類似したものを探せば役に立ちます。目的に近いものをヒントにします（簡単には独創的な考えは出ません）。
- 集まった情報を分類します。目的やテーマの条件に合うかどうかのふるいにかけてその情報を分類します。情報の仕分け方がポイントです。横のつながりは即関連キーワードをつけてくくります。縦のつながりは目的を掘り下げたものです（関係性の弱い共通点、むしろ真逆とも言えるような相違点の多いものもその中にありますが、のちに役立つこともあります）。

- 仕分けした情報に、目的とずれているものはないか、ダブりはないか、まだ漏れているものはないかチェックします。この時点で概略の姿を感じ取れたらモチベーションがアップします。
- 事実でなければ答えとして通用しません。つまり不確かさを少なくする必要があります。論理的にとまで言えなくとも、理にかなっているかどうかをチェックします。
- 自分で本当にそうなのかしらと、その答えを客観的に見直します。他のことや他のものはなぜ有効ではないのかも知っておきます。そのことで、答えの絞り込み（なぜそうかが少しクリアになります）ができます。
- 最後に「だからなんだというのか」を、最初の「なぜ」に立ち帰り、目的やテーマとの条件の一致を確認します（目的は何か、現実に落とし込めているかの見直しです）。
- 的確な言葉で、答えをまとめます。語彙が豊富なほど、的確に表現できます。英語に訳す場合は、英語と日本語の考え方の違いについて知っておく必要があります。日本語で考えたことをそのまま訳しても同じではないかもしれません。

183

直感力を養う

「直観力」は、意識的な知識と経験、理解とか推理によって即時に判断をすること。「直感力」は、感覚、感性によって判断することです。何も意識をせず本能的な一瞬のひらめきです。使わない人はいないのですが、意識している程度、磨いている程度は人によって異なります。

- 好き嫌いのはっきりしている人は、好きなものには直感力を働かせているはずです。嫌いなものは無視しているので、あまり働かせていないかもしれません。
- 知識や情報を鵜呑みにせず、周りの評価や言葉に同調せず、違和感を感じるかどうかよく確かめ、最後の判断は自分を信じましょう。意識して磨けば確かなものになります。
- 知識と経験もベースになりますから、その習得には時間がかかりますが、疑似体験も含めて物事をよく観察する習慣を持てば、直観力を養う一助になります。
- 過去の積み重ねで今日があることを意識して、過去の中に直感力を助ける何かがあるかもしれないと、意識して探しましょう。

- 雑念はときに捨てることが必要です。頭脳を一日一度はクリアにすっきりさせるためです（自然の中の散歩。食器の手洗い。床の拭き掃除。庭の落ち葉掃き。道路のゴミ集め。手習い習字等）。頭脳がクリアになったときこそ、直感力が働きます。
- ひらめいたことや感じたことを自分で信じて場数を踏みます。結果がどうであったかも、積み重ねれば役立ちます。良い経験を記憶し、悪い経験は解決策を記憶するようにして、直観力の場数にします。論理的に説明できるものにまで高めましょう。
- 気になることはメモに残し、あとで整理します。メモは記憶の一助です。眠ったり、瞑想したり（ぼんやり空白になる）して頭脳が記憶を整理してくれる効果も期待できます。気になっていたことの答えが突然出たりするのは、天から降りてくると言うより、睡眠中に記憶の整理ができたと考えるほうが現実的だからです。

少し気が進まないとか、妙にやる気が出ているとかは、ひょっとしたら直感が働いているせいなのかもしれません。それをきっかけにして直感力を磨きましょう。直感力の鋭い人は、さまざまな研鑽、練習の積み重ね、訓練の上に、経験を重ね、自信を持ってその力を使います。

184

無意識の質をレベルアップさせる

日常生活のほとんどの部分は、習慣による無意識な行為によって営まれています。ですから、習慣以外のことや意識しなくてはできないことが起きると、面倒だとか、できないと言います。できないという言葉の真意はやりたくないということです。

日常生活は同じことの繰り返しが多いので、無意識に行うことによって、疲れることもなく、時間が短縮できています。良い習慣とレベルの高い無意識行動であれば、それでよいとも言えますが、大切なことが何かも考えず、自分中心の考えによる無意識行動だとすると、困ったものです。何かあったとき、そんなつもりではなかったとか、全然意識していなかったなどと言ってすませていいものではないからです。基本的には、日常の行為に注意を払い、意識して行動すべきだということです。

ことの成り行きが突然に変化したり、不意の出来事に襲われた場合、戸惑ったり、判断がつかなかったりするのが普通ですが、良い結果を生む行為が即座に無意識のままできれば最高の余裕というものです。無意識でも理にかなった行為なら素晴らしいことです。心のままに判断して、それで不具合がなかったら大いに助かります。年配の人がよく言う自然体で生きていたい、というのはこの無意識のままにということなのでしょう。

この「無意識」を生まれながらに持ち備えている人もいますが、私たち凡人は、この無意識の質を意識してレベルアップしていかなければなりません。

まずは、**日頃から物事をできるだけ客観的に見ている**ことです。何が重要なことかにできるだけ早く気づくための訓練です。そして、無意識をカバーする直観力を鍛えます。

「七十にして心の欲する所に従って矩（のり）を踰（こ）えず」とは、『論語』にある孔子の言葉です。多分多くの場合、七十歳を過ぎるころまでに、無意識（気持ちの赴くまま）であっても、しくじったり他人を傷つけたり愚かなことをしないですむようになれれば、大したものと言えるのでしょう。人生百年の時代だとすれば、残り三十年を、幸せでストレスなく、良い人間として全うできます。七十歳までは、努力と修養が必要ということです。それを大いに楽しみながら極め、最高の無意識になるというのもよいのではないでしょうか。

生活規範　その❸　自分磨き

自分磨きの生活規範を持ちましょう

自分の時間がほしいのはなぜか、それは自分磨きをしたいからでしょう。遊びたいとか、何もしたくないという人は、自分を躾けようとは思わないので、このページを読んではいません。

余裕のある時間に自分を磨きたいというのは素晴らしいことです。まず生活をどのようにコントロールすればよいか。何をして自分を磨くかを考え、自分磨きのポイントを確かめながら実践しましょう。

185

生活の美を感じる

人は美しいものから安らぎを得ます。日々の営みの中で求めているのは美しいものとの出会いです。それによって幸せな気分になれるからです。本来の快適さとは美しいもの、幸せをもたらすものとともにあります。

現代ではそもそも美しいとは何であるかも不確かになっています。美は普遍的なものなのか、時代によって違うのかなどという疑問が常に出てきますが、美の法則は普遍的です。その時代に生きている人の見ているものが違うだけです。

手がかりをあげてみましょう。美しいものは、正確なもの、明確なもの、丁寧なもの、確かだと思えるものの中に潜んでいます。色彩、形に必然性のあるもの、目的にかなっているもの、バランスがとれているもの、全体の格調が整っているもの、親しめるもの、優しいものが、総合されています。厳密にはどの角度で見れば心地よいかまで含まれるでしょう。その角度は自分が決めます。

つまり、美はひとつではないわけです。豪華であれ、簡素であれ、無駄がないもの、緊張と癒しが同価値であるもの、心地よい刺激はあっても疲れることはない、大げさではなく、目立つものでもなく、見過ごすことにもなりそうなくらい何気ないのに、なぜか心地よいのです。

美を決めるのはそれを感じる人です。たくさんの美しいものを見ると目が肥えます。有名であるからよいとも言い切れません。誰かが褒めたからでもないかもしれません。的確であるがゆえに優位性を誇張することもない。真実であるがゆえにさりげなく美しい。常にそれしかないのです。

幸せと美しいことは一体のものです。人間のつくり出した芸術のすべてが美しいとは言えないかもしれません。予算（お金）があれば幸せとも言えないのと同じです。ただ自然はどの状況にあっても美を秘めています。その美がさまざまに生活のすべてに隠れています。

ものや空間自体に美があると、私たちは和み、くつろぎ、癒されると思いがちです。もちろんそこにもありますが、それだけではなく、むしろ生活行為にこそ美があると考えるべきでしょう。

186

日常生活の中で美意識を育てる

美しいもの、美しい色や形に気づかない人もいます。美しいものを意識しないのです。本来、自分なりの美意識はあるはずなのですが、あえて美しいかどうかわからないという発言をします。美しいものの話は論理的ではないと思っているからかもしれません。

自分の持つ美意識を認めて、なぜ美しいと思うのかを考えることで、美意識は広がり、高まります。美しいものを美しいと思えると、互いに納得することが増えます。

食べ物の好き嫌いがあると、美味しいという感覚は一致しませんが、絶景と言われる自然の美しさについては、国籍民族を問わず、ほぼ誰もが美しいと感じます。高台から見渡すパノラマの風景は、その広がりに心が癒され、思わず美しいと感じます。

美しいものはたくさんあるのですが、見ようという意識が弱いと見えません。視点を変えると、すべてのものが美しく見えます。部分的に切り取ってみることで、美しいものに見えることがあります。目で見るだけではなく、五感を広げ、訓練して美しいものを見つけましょう。

美意識を育てるのは、日常生活です。毎日学べることがたくさんあります。身の周りにあるものを注意して見ます。色彩の美しさ、素材の良さ、技術の良さは、見るときに意識することで、眼が養われます。自分の好みのものを部屋に飾ってみると、自分自身の視覚的な美の基準がわかります。それを手入れしたり手で触ることで触覚が磨かれます。

良い物を生活の中で使えば、五感で感じて日常的に美意識が高まります。所有することで、物が求める扱いの厳しさから感覚が育てられるのです。

物の本質を理解していれば、どれとどれを合わせると美しいかを決める時間が短縮され、間違いが少なくなります。ほんものの美しさは、見る者に癒しを与え、感性を育てます。

美はいろいろなところに隠れています。美意識は美的なものに自らが価値を見いだすことに始まりますが、他のことにおいても、自分が何に価値を感じるかに気づけば、選択肢がクリアになり、迷いが少なくなります。自分の価値観も見直してみましょう。

187

清貧の美を生きる

清く正しく生きて、結果的にその生活が貧しくとも、そのことに甘んじるというのが一般的な「清貧」の意味合いです。豪華なものだけが美しいわけではないということにも気づきます。もちろん規模によりますが、予算がなくとも美を創造できます。むしろ私たち日本人の心の中には、豪華なものに劣らない美を組み立てられるという自信があります。

かつて日本人が憧れていた西洋の、富の集中によってつくられた「豪華さの美しさ」は今や過去のものです。もちろん富の集中による美は残るでしょうし、ときには、私たちもそれを楽しむことはあるでしょう。しかしながら、豪華さはむしろ陳腐で現代にふさわしくありません。今、すべての人の心を和ませる美は清貧の美なのです。

無駄な浪費をせず、極めて倹約、節約であるがゆえに清浄さが持てます。心豊かなところこそ限りなく自由であることを知ります。内面の清らかさをその個性にすれば、美しさは醸し出されます。見るもの、関わるものが敬意を持って親しめるのが、清貧の美ではないでしょうか。

「見渡せば　花も紅葉もなかりけり　浦の苫屋の秋の夕暮れ」――この歌は藤原定家が詠んだものですが、武野紹鴎、千利休が侘茶の真髄としています。うらぶれた空間に豪華な価値ある道具を使っては意味がありません。何でもないお道具で美味しいお茶を交わすとしたら、どこに美が潜むのでしょう。それは人と人、その空気が美しいことです。控えめでピュアであれば、そこに流れる空気は素晴らしいと言えるでしょう。

予算がなくとも、シンプルという美しさに暮らし、こざっぱりした衣装を身につけて、しっかりした身体をつくるため栄養があるものを食べます。そうして、清貧の美を成すことができるのです。

どんな言葉を使うかによって周りのものの見え方が変わります。物を美しく表現すれば、そこに存在するものを美しく感じることができます。日常生活を言い訳なしで美しさに変えることです。そこに清貧の美が見えてきます。

自由で豊かな心を持つことがスタートです。

188

感性を磨く

昔から「用の美」に対する見る目の高い日本人ですから、身の周りに、自分にふさわしい質の高いものを揃えれば、自ずと美しい所作となり美しい心が表現できます。さらに、ものの美しさに頼るだけではなく、自分の技術を磨けば美しさが増します。

美はあちらこちらに隠れているものです。それを見つけるためには、**簡素な生活、純真で単純なものの見方、気持ちの良い清浄さ、清潔な状態**を日常とします。

見たり触れたり聴いたり香りを感じたり美味しさを感じたり、私たちは五感で感じながら日常生活の中にいるのですが、あまり意識することなく、一日を過ごしています。五感で感じていることをもっと意識してみましょう。

一日のうちのほんの五分だけでも、目を閉じて音と香りだけに集中して何も考えないとか、絵や写真を視覚だけで感じとってみたり、いろいろな布などに触って手触り感だけに集中してみたり。感じることこそが、今を生きていることと言えるでしょう。

感じたときに快適か不快かをはっきり区別することです。自分が認定する気持ちで感じると、良い感覚が育ちます。**不快なことを避け、自分が快適だと感じるものを増やすようにします。少し遠回りでも美しい花が咲いている道、素敵なお店がある道を通ります。**そんな日頃の小さな積み重ねが感性を育てます。

感じたことを言葉で表現して、**感じる語彙を増やしましょう。**常に日常を、行為を意識して生活します。

それは、古典に親しむと同時に最先端の情報もチェックして生きることです。初めて出会うことにも日常の繰り返しにも目を離さないことです。細部にも気遣った丁寧な行為を積み重ねることです。

このような生活行為こそが、感性磨きの第一歩です。

189

日本の女性の魅力、男性の魅力

美しく見えるには内面がクリアであることです。心が純粋で一途に美しいものを求めている人の目はキラキラ輝いていています。お行儀が良く美しい動きや所作に気を配っていると、いつしか心の中も美しくなってきます。欲張りにあれやこれやと欲しがるより、少し我慢しているくらいが美しく見えます。

自分の正しさを正当化したいのは山々でしょうが、奥ゆかしく寡黙なのが魅力です。誠実で欲得なしの私心、邪念のない無私が理想的です。

加えて清潔感のある美しさが日本人らしさです。

女性の魅力は心配りと覚悟です。

心配りは、先のことも配慮して、相手の立場になって相手を思いやる心です。未来を予測して、少し先の時間も配慮した準備や用意をすることです。想像力を働かせ、周りの特性など、いろいろな事情を汲みとった総合的な配慮です。目に見えるものだけではなく、目に見えない人の心やまだ起きていない出来事までをこまやかに気遣います。しかもそれは、誰かが何かをしたとはっきり、その功績が評価されるものではありません。昔の女性はそのようにして日本を支えてきました。

しかしながら、万全の心配りがあったとしても何が起きるかわかりません。どんな境遇の変化が自分を待ち受けているやもしれません。どこにいてもどんな立場になってもそこで美しく振る舞える、生きていける覚悟を持っていることが女性には必要なことです。それが、常に美しくいられるということです。

男性の魅力と美しさは、**礼儀正しく哀愁**を感じさせることです。

女性の好む男性は優しい人とよく言われますが、女性にとっての男性の優しさとは、女性に対して男性が敬意を持って礼儀正しく振る舞ってくれることです。それによって女性が美しく振る舞え、気持ち良くいられるからです。

そして、彼がふと哀愁を漂わせたとき（礼儀正しさに疲れたのかもしれませんが）、女性は覚悟を決めるのかもしれません。この内面性は見た目の魅力をさらにレベルアップさせます。

190

日本人としての文化的視点を意識する

自分の物差しを持っていると、その基準を手がかりに多くの出会いを判断できます。物差しのレベルは、徐々に上げていくことが必要です。過去の物差しにこだわっていると、美意識の向上は鈍ります。文化的な催しといえども、いろいろなレベルのもの、考え方のものがあります。何を見ても聞いても、その中に何か自分の物差しで、納得できるものが見つかるものです。

古い物差しのままだと判断を間違えます。物差しは最新のものであるように磨いておきましょう。昔からよく言われていることは、優れたもの、良いものをたくさん見て目を養うことです。美しいものをたくさん見れば美しさの本質がわかってきます。初めてのものを見ても、それが本質に近いものかどうかを見抜けます。

人も状況も同じです。はじめにたくさんの愛情に取り囲まれていれば愛が頭脳を育てます。よい自然に囲まれ、その仕組みを自ずと理解することで心が育ちます。

人は自然に育まれ、自然こそが学べる師とわかれば目も心も豊かに育ちます。日本の自然は世界でも類稀な美しさです。カラフルでバリエーション豊富です。理屈や説明は不要です。誰をも受け入れ、和ませてくれます。そんな幸せな良い環境に、一万年の昔から生き続けている日本人なら、何を見るにも変わらない優しい眼差しで対象物を見て、ありのままを受け入れることができても不思議はありません。

見たままを受け入れるというのは、現実を受け止めるということです。その良し悪しに感情を持ち込まないことです。好き嫌いで判断せず、平等に見ることです。

それには自分の眼差しに偏見がなく、誰に対しても変わらない温もりがなくてはなりません。世間の評価ではなく、自分の「見る目」に納得すると同時に、他者の意見に耳を傾けて、多くを共有することを忘れないようにしましょう。

それが日本人の視点です。個性の違いはあっても、視点の根本は迷うことなく日本人なのです。

生活規範　その❹　自分文化

生活文化は自分文化をつくることから始まります

美しいものによって癒され、その積み重ねで生活が営まれ、それが文化となっていることが、人としての幸せの姿です。日本の昔からの生活文化は、美しい自然と自然の素材で作った道具に囲まれていました。質素であっても、今、見ても十分な美しさを持っているものがたくさんありました。ただ、そのほとんどが、不便だからという理由から捨てられてきました。

それならば、それらに勝るとも劣らない美しいものを今日の生活文化としてつくり上げなくては幸せを手にすることはできません。今に生きる私たちがこれぞと思える自分文化をつくり上げ、共感、共有することができれば、現代の生活文化ができあがってくるでしょう。

191

美味しさと栄養価を見極める

食事の大切さは誰もがわかっていることですが、最近の食の傾向は、見た目の美味しさと作り込まれすぎた美味しさに進みすぎています。現代の日本では世界中のあらゆる料理が取り入れられています。食の欲望を極めつくしているかに思えます。日本の気候風土や今までの体質に合ったもの、その土地で採れたものといった自然の成り行きが無視されています。自分の味覚をどこまで信じられるかが問われています。

ときに社交上魅力的なエンターテインメント性の高い食も必要ですが、身体的には日常、簡単に作れる栄養価のある家庭料理が望まれます。欲望を極めた食が栄養があるとは限りません。好き嫌いがなく、栄養のある素材を好むように自分を躾けることが大切です。

192

自分の衣装を完成させる

お洒落は元気の素と言えましょう。衣装を考えながら憂鬱になる人はいません。自分を美しく見せる色と形、着心地の好み、生活の状況に合わせた衣装を極めることが必要です。つまり、その衣装の美しさではなく、自分に似合う美しいものを決めるのが「自分文化」です。仕事に合わせたオフィシャルなスタイル。仕事以外のプライベートな時間を楽しむときのスタイル。高級ブランドでなくとも流行りでなくとも、自分のスタイルが決まっていれば、似合うことはもちろん美しさに自信が持てるはずです。

何が流行りなのかしらなどと心配する必要はありません。今年の流行をつくり出すのは自分自身です。自分のスタイルを決めるスタイリストは自分、デザインを考えるのも自分なのです。

街で見かける素敵な女性をいつの間にかファッションアイコンにしているかもしれませんが、それと同時に、自分自身もその立場になっているのです。会合やパーティでみんながお洒落にしていると、自分もドレスアップしなくてはと思います。互いに影響し合ってレベルが上がっていきます。

自分の衣装をデザインするときは、体型の特徴をより美しく見せる計算が必要です。身体的特徴がモデル体型でない限り、何でも似合うわけではないので、丈やカーブ、丸み、太さ、細さなど、細部の寸法は厳密に決めることです。

プレタポルテなどの上質なものでも、ファストファッションでも、自分に本当に合っているとは限りません。古着や持っている古い衣装を部分的に直して、自分に合う形を学習します。そのうえで丁寧に仕立ててもらうか、ブティックなどで探します。

少し前の時代のように素敵なファッションに憧れるのではなく、自分に合ったものを正確に選びます。自分を美しく見せる基本形に、自分だけの装飾や布の切り替えなどを加えて、自分衣装を完成します。

クリエイティブな能力がちらりと感じられたら、自分文化発祥です。

193

生活空間は自分の在り方の表現

自分の住まう空間をつくることは、自分をつくることとです。その空間によって生活行為が磨かれるからです。相互関係があるので、どちらかだけに任せることはできません。キッチンをリフォームしたいとき、キッチンが便利になれば美味しい料理ができるようになると言います。一方、キッチンが良くなっても料理は美味しくはならないと皮肉を言いたい人もいます。どちらも正しく、どちらも間違いです。

美しいキッチンになれば当然、料理作りのモチベーションがアップします。居心地が良いので、そのスペースに長く滞在することにもなります。美しいキッチンを自慢するだけで、汚したくないからとケータリングですませるとしたら確かに料理の腕は上がりませんが、空間が与える影響はそれほど単純ではなく、いつの間にか美味しい料理が作られる日がくるものです。互いに影響し合いながら、空間は美しく、人の行為は整っていくのです。

初対面の人と出会ったときには、服装や立ち居振る舞いで、その人を感じとりますが、同じように、住まいの中では、物と自分、自分と空間、それらのすべてが、客観的には、同質で、等価値です。住まいは自分の在り方の表現です。見識と内面のすべてが見えると言っても過言ではないかもしれません。

住まいの空間を自己表現の場と知りつつも誰にも見せない空間だからといい加減にしていることもありますが、それを見ている自分がその空間の影響を受けてしまいます。理想的な自分になるためには、まず空間をその理想に組み立てます。

清潔な自分でいたければ身の周りを清潔にします。センスアップしたければセンスの良い形や色の物を選び、快適に感じる構成で配置します。気になる違和感のある部分は、言い訳なしに取り除きます。

空間の質は自分の質、たとえばセンス、たとえば心の安定、包容力と同じなのです。空間の自己表現は自分そのものなのです。

住まいの空間で、自分文化を総合的に組み立てる喜びを味わうことができます。

194

日本語の語彙を豊かに。英語も寛容に

日本語には、心に響いてくる美しい大和言葉がたくさんありますが、現代の生活では外来語が増えて、日常的に日本語が減っているようです。英語は、ビジネスに向いた言葉で、日本人の心とは少しずれるところや表現しにくい部分があります。

ものを考えるとき、何で考えるかといえば、言葉で考え言葉で表現します。日本語の語彙が少ないと、日本語で考えをまとめるのが困難となります。英語で表現するときには英語で考える必要があるのですが、日常的な会話程度であれば、身振り手振りで通じますし、そのレベルで困ることもないかもしれません。

言葉の背後には生活の感覚、行為が含まれますから、どんな使い方をするかが重要です。生活や考え方、行為の違いを知っていれば、同じ言葉でも正確にその意味が受け止められます。まずは日本人同士の言葉のレベルを上げていきたいものです。これは一生の課題です。

海外でのグローバルな言葉は、彼らの生活、バックグラウンドを理解して行き違いを少なくしたいものです。表現する言葉は優しく、良い考えの良い言葉で、受け止めるときには限りなく寛容に、トラブルや相手を傷つけることのないようにします。言葉は内容が的確であっても、その場にふさわしくなければ役立ちません。寛容なやり取りが望まれます。

195

共有感覚を身につける

現代は和も洋も同じように楽しみ、理解して受け入れる時代です。お箸もナイフフォークも区別なく使えることで、両方の食を満喫できます。洋服も和服も着こなせることで、自分文化を見つけ出せます。

和装の着物は民族衣装ではなく、世界中に共有される文化的合理的なファッションスタイルと言えます。和か洋かと決める必要はありません。両方を分け隔てなく、同時に判断して決める共有感覚が求められる時代です。

情報の多くは視覚で受け取っています。美しい視覚情報は心を安らかにします。良い情報で感性を磨き、目を養い、習慣的にそのレベルを上げていけば、共有感覚はたやすく培われます。

美術館ブームとも言われていますが、展覧会に出向いたり、観劇やコンサートなどに出向くことで、感覚的な情報を得ることができます。それを刺激に、五感の柔軟性を促進して、感性を磨きます。

絵は色が命、彫刻は形が命、写真は構図が命、音楽はメロディ等と、自分で着眼点を意識します。

旅行では、日常生活の衣食住レベルを変えないことが重要です。気楽な観光旅行では汚れてもいい楽な服装をと考えがちですが、重要なのは、景色や街並みに相応しく、自然に溶け込むスタイルであることです。特に宗教関連の建物を見学するときなどは気遣いが欲しいものです。そうしたことも、重要な共有感覚です。

もうすぐＡＩとの共有感覚に馴染まなくてはなりません。共有は難しくもあり避けられない日常的近未来感覚です。今のところＡＩに勝っていることは人間ならではの直感力です。直感力に磨きをかけたいものです。

196

上質な生活の定義

日常生活は感性を育てる場所です。衣食住は総合されたものです。すべてが言い訳なしに自分自身です。物事や状況を決めたり、自分の意思で自由に振る舞えるのですから。楽しさをつくり上げることが許されている唯一の場です。習慣で無意識に繰り返している生活行為もまた、自分自身なのです。生活習慣こそが、自分を表現するものです。だとしたら、今よりも上質な日常生活を送ることを考えてみましょう。

その上質とは何かを具体的に定義してみましょう。まずは美しいということでしょう。物であれば目的に対する必然性の高さ、存在の正当性が問われます。バランスがとれていて丁寧な優しい物、無駄のない整い方で格調を感じさせて親しめる物など、当然、それほど目立つことはないかもしれませんが、ストーリーがあることによって、その価値が表現されます。

物の所有よりも豊かな時間の体験。ゆったりした時間の中に感動や快適さを味わいたいという願望を満たす生活。手間をかけ準備をして、仲間を喜ばせる行為が生活の楽しさと思える時代になってきました。

知識や経験で高い品質を見定め、広く深く時節を読む必要があります。情報に強くなるということでもあります。情弱（情報に振り回される弱者）であっては上質を見抜くことができません。知的な趣味の良さ、高級な物だから良いという常識に満足せず、センスの良い必然性のある物だけを選ぶことができる見識が問われる時代です。

美しい物との生活から美しい心の生活への長い道のりの始まりなのです。

このとき、美しい言葉遣いが美しい心を育てます。所作と心はどちらが先とは言えませんが、心を美しくするために所作を美しくします。所作を美しくするために、言葉遣いを美しくします。言葉と所作が美しいと心も美しく見えます。

上質な生活のために必要なものは心が美しいことなのです。

生活規範　その5　社会貢献

美しい社会貢献にチャレンジしましょう

日頃は社会貢献しているとは思えなくとも、誰かのために何かをしているものです。それをもっと意識すれば、自分の存在に自信が持てます。

たとえば、いつもよりたくさんの人に微笑み返すことができたら、美しい社会貢献の始まりです。意識することによって、身の周りのことに対して、なぜだろうという疑問が発生します。これでよいのかしら、何かを変えなくてはという思いから始まるのが、社会貢献です。つまり、自己実現の心理学で有名な心理学者マズローが晩年言ったように、自己実現から自己超越の時代に近づいています。役立つことこそ幸せと感じるのが社会貢献です。

197

視野を広げる

人はみな、思いを持っています。物に対するこだわり、生き方、考え方、人に対する思い、世の中に対する思い。思いは、思っているだけでは自分以外の誰も知りません。自分自身もその思いが何なのか、現実なのか幻なのか、独りよがりなのか、誰かと共有できるものなのかもわかりません。そこで人間である私たちに与えられている能力は、言葉を使って考えを組み立て、わかりやすく説明することです。物や画像を介してより伝わりやすくすることです。それが行動によってさらにリアリティを増します。

伝え方は、正確で美しく丁寧で相手に親切でなくてはなりません。

思いを伝えることが上手になるように自分を躾けましょう。そのためにいろいろなことに関心を持てば、少しずつ視野が広がります。視野が広がれば多くの人と話すことが増え、さらに見たり聞いたり納得したり疑問を持ったりが多くなるはずです。視野の広がりは自分を広げることです。

それが美しい社会貢献の原点です。

198

自律性を躾ける

自立、自律、而立の三つがあります。自立は独り立ち、独立、他人からの支配を受けずに自分の力で経済的にも成り立つことです。自律は、自分の立てた規律で自分の行動を規制する。自分の規範に従うことです。而立は三十にしてたつ、つまり自立と自律の両方が必要ということでしょう。

とかく経済的自立に関心が向けられますが、経済的自立もさることながら、もっとも大切なのが内面の自律です。責任と覚悟を持つ基準を自分で決めておきましょう。無責任であったり、背負い込んで迷惑をかけたりしないためです。仕事を依頼された瞬間かららそれは自分の仕事だと受けとめて、その責任は自分にあると覚悟を決めます。人に迷惑をかけたり、困らせたり、傷つけたり、社会のルールを破ることは、結果的には自分を不幸にします。

極端に走らなくとも人生は十分面白いのです。他からの支配や助力に甘えず、自分の行動を自分が組み立てた規律に従って正しく規制することこそ自律性があると言えます。

爽やかに自分の欲望を抑え、内面的豊かさで満足します。無理な自己抑制でも自己犠牲でもなく、また、わがままにならないようコントロールすることです。つまり公私の区別が自然にできることが必要です。親からも自立しているということは、親から独立した生活であるだけなく親からの信用があることです。

結婚は恋愛の延長線ではなく、相手を支え相手に支えられていることへの感謝です。面倒を見合うのは量ではなく質でもなく、永遠の自律と自立の継続です。自律しているとは、その責任が自分にあることを自覚していることです。自分で決めて自分をコントロールします。

人の話もやりとりも受け止め方次第です。自律と自立があれば何をすべきかが明確になります。明確であればストレスは起きません。自分が担うべき役割に準じて規律を保ちます。もとにするのは、自分が発信すべきことの規律（たとえば他人の悪口は言わない）です。

199

自分を認める

自分に厳しく、人に優しいという理想は難しすぎます。自分に厳しい人は、特に自分より若い人に対して、成長を促したいがゆえに厳しくなってしまいますし、自分にできたのだからできるだろうと思ってしまいます。

自分に厳しいということは、自分にとってよいことなのでしょうか。あまり度が過ぎると、つまり厳しさも効果がある範囲を越してしまうと、意味がなくなります。もともと人はいい加減なのですから、しっかりと自律する程度で十分ではないでしょうか。

自分を客観的に見ることができ、いつもそれをボーダーラインにしていればよいのかもしれません。自分の欠点や問題点に対して改善の修練は惜しまずに、その欠点も含めて自分を認めることです。できないことや下手なことは、見方を変えれば個性とも言え、微笑ましいものでもあります。人間の愚かさ、滑稽さは認めるべきものです。自信の持てることなど何もない自分であると認めることです。

自分の在り方をそのまま認めてみると、相手、自分以外の人を認めることもたやすくなります。コンプレックスは、自分を認めないことから起きています。コンプレックスを持っていると、相手に冷たく厳しくなってしまいます。他の人に過度にライバル意識を持つのは、自分を認めていないからかもしれません。自分を認めれば、ライバル意識もコンプレックスも持たなくてすみます。互いに優しい関係、つまり上質な空気が流れます。

社会や人の支援やボランティア活動に、富む者、貧しい者といった立場の違いは関係ありません。役立つことを行うことの尊さは、小さくても多くても同じです。

200

幻想を実践によって現実化する

「夢をかなえる」とか「夢を描く」という言葉は、耳に良い響きで、誰をも前向きな気分に誘います。

デザインの目的は、一般に夢と言われるもの（理想的なこと）を具現化することです。もしくは、限りなく理想に近い、ほとんど夢だったかもしれないものを少しでも現実化することです。美しいことの実現です。それがデザインの役割です。

何かをかなえるためには、「やりたい」という情熱を原動力に幻想を抱くことです。ときに、できないかもしれないという恐怖心や自分には力不足かもしれないという気持ちから、自分は大人だから限界を知っている、などと人には言ってみせますが、限界も恐怖心も、かなえたいという思いと同様、幻想にすぎません。やりたいと目指す理想に限界はありません。

それでも、限界を感じるとしたら、ひょっとしてやりたいという情熱が弱まっているのかもしれません。かなえたいと思うことも恐怖心も自分の心の中でつくり上げている幻想なのですから。適正にバランスをとって、とりあえずは規模を大きく考えないことでしょう。

自分ひとりで生活規範を実践している人はいます。自分で決めたことをしっかり実践しながらボランティアを続ける、つまり自分の管理をしっかり自分でできている人たちです。人の役に立ちたいという情熱を現実にできる範囲で実現しています。

役に立ちたいという情熱を挫折することなくかなえ、幻想ではなく、実践しているということです。助け合いとチームづくりによって、先は少しずつでも見えてきますから、もはや不確実な幻想ではないのです。

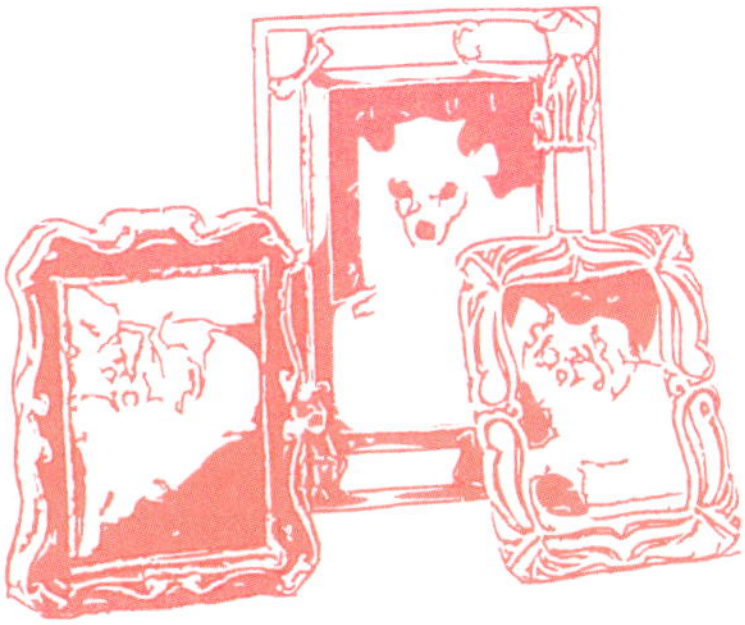

201

知識、見識、胆識が自己超越への足がかり

言われたことはとにかく一度実行してみることです。受け止める力が考える力へとつながっていきます。知識を集めるだけでなく、それを経験と結びつけて考えると、判断力がつきます。それが見識です。見識には、知識以上に現実性が感じられます。経験、体験、多くの事例が、その裏付けにあるからです。

見識に実行力が伴ってくると、胆識となります。何も知らずに実行しようとするのは少し無謀かもしれませんが、わかっているから何もできないというのも弱腰です。見識があって、さらにパワーを備えた胆識までステップアップできれば、人間性向上のトップクラスなのではないでしょうか。

知識を増やすと世界が広がります。知識が足りないと視野も狭く、語彙も少なく伝え切れずに気持ちが焦ります。知識を増やすにはまずわからない言葉が出てきたら調べることでしょう。古いことと新しいことの整合性を考えてみると理解しやすくなります。

自分なりの知識の整理をしてみることが役立ちます。

興味のあることから始めます。過去との共通性とか、今日とどのように関係しているのかとか、どの点が有効とか、自分に必要で身近なことから、「なぜ」の答えを探り、知識を積み上げます。


見たり聞いたりの次は、やってみることです。最近は体験流行りです。知識を実践し、さらに知識の実践から見識、そして、胆識へと、ショートタイムの修練となるからです。疑似体験もたくさんあれば経験と同じはたらきをします。

知っているだけの知識より、経験の伴った見識があれば、自分の役割を瞬時に理解できます。適切に何かまたは誰かの役に立てれば、自分も満足できます。それが確実な実力となって、世の中に貢献していけたら、素晴らしいことです。

現代は自己実現が大きなテーマでしたがそれは最終目的ではありません。人間の幸せは人間性のさらなる向上にあります。自分なりの胆識を持ち備えて感じる自己超越です。世の中に役立つこと、社会貢献やすべての共有感を心の中の柱として生きる幸せを実感することです。

あとがき

自分を自分で躾けるための生活の行為、日常的なあり方のベーシックなものを選んで一通りを押さえてみました。

時代の変化のスピードの速さに侵されて人間性の劣化がないように、そして、時代の変化にかかわらず人間性の向上は常に美しさと幸せを求める原則に沿って、時代に合った生活行為と日常性を考えていかなければと、「今」という「時」を意識しつつ記してみました。

お読みいただいた内容をすでに心得ておられる熟達者の方は、さらに自信と余裕を持っていただき、自らがロールモデルとなっていただくことを願っております。何を目的にどのようにと、まだ定まらない明日を心配されている場合は、これを手引きにスタートを切っていただければ、良い方向を目指すことができると、ご安心ください。

美しく、幸せであることを目的に多くの人たちが自己実現を目指してきた時代から、それらとともに、いかに自分なりに人の役に立っていけるのかを考える新しい時代が始まっています。自己超越の時代です。他の人の幸せを支援して、いつでも何かの役に立てる自分になるとしたら、自己実現と自己超越は、同じものと言えるでしょう。

ＡＩと人間が一体になる時代は驚くほどに早くやってくることが予想されますが、そこでは多くの共有感覚と無名性が、幸せで美しく生きるうえでごく当たり前の感性となっていることでしょう。名前が知られている度合いや権力、力関係を競い合い、そこで人に勝ることではなく、内面が穏やかで余裕のある、心豊かで上質な生活を送ることが幸せな生き方だと、多くの人が望む時代になっていくことでしょう。

従来の経済活動的に言うなら、贅沢産業から幸せ産業への道のりです。衣食住で言うなら、自分文化をつくり上げる生き方です。アートなインテリア、自分感覚のファッションスタイル、グルメではないシンプルな自然な美味しさを日常食とする生活です。美しい会話が澄んだ空気の中で交わされる、まさに清貧の美と言うべき生活です。

この災害の多さといつ何が起きるやらという懸念の中で、百歳までの人生をいかにして、らくに心豊かに、幸せで余裕を持って、美しく生きるかは、私たちの切実な課題です。強い内面と身体を持っていられるよう自分を躾ける知恵が必要です。今はまだまだお若い読者のみなさまのご長寿のためにも、自己超越を目指して行うべき具体的な生活行為を掘り下げる必要を感じます。

一人ひとりが多くを望まなければ、多くの人に資源を分かち合えると思うのは単純すぎるかもしれません。でも、そういう時代がくることを願って、本書をまとめました。まだまだ書き加えるべきことも別な視点からの考察もあろうかと思います。進行形が含まれたままであることをご了承いただければ幸いに存じます。

住空間のデザイナーである私がこのような本を記すのは、生活を探究することで真にデザインが役立つものになるからなのですが、とはいえデザインとしての具現化と、伝達のための文章による具現化の違いにおいては、編集者の手を焼かせる要素が大いにあります。今回もディスカヴァー社長の干場弓子様にたいへんお手を焼かせてしまいました。多大なご尽力をいただきましたことに、この場を借りて、感謝申し上げます。

加藤ゑみ子

二〇一九年のはじめに

加藤えみ子の本

『お嬢さまことば速修講座 改訂版』
累計30万部突破のベストセラー。1995年の発売以来、TV、雑誌でも多数紹介された話題の書、待望の新装版。

『お嬢さま生活復習講座 改訂版』

お嬢さまの送る手紙とは？　ファッション、食生活は？　本書で示されたお嬢さまの生活を身につけたら、ホンモノのお嬢さまになれます。※電子版のみ

『淑女に見える気品のルール』

『気品のルール』『淑女のルール』合計15万部のベストセラーが、ひとつになって再登場！　何十年経っても色褪せない、一生モノの基本が身につく女性の新バイブル。


『上質なものを少しだけもつ生活』

上質なものの本質を説きつつ、住まい、食生活、衣服、時間の使い方と、生活と人生全体そのものを上質な美しいものにしていく方法を簡潔に語ります。

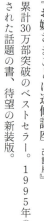

『最上級のライフスタイル』

美しさに徹底的にこだわった暮らし方を始めてみませんか？　ホンモノの暮らしを求めるあなたのためのリュクスなライフ・スタイルガイド。

『好きなモノと美しく暮らす 収納のルール』

空間・インテリアデザインのプロが教える、あらゆるアイデアの前に知っておきたい、収納の「原則」。

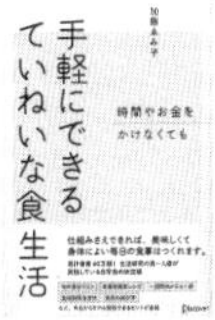

『時間やお金をかけなくても手軽にできるていねいな食生活』

美味しくて身体によい食事がパパッとできる！　生活研究の第一人者が教える〝仕組み〟料理術。

『空間デザイナーが教える 盛りつけのセオリー』

基本がわかればこんなに違う！「彩りは五色が基本」「食器に余白を三割残す」など、美味しい食卓を創るためのエッセンスをコンパクトな一冊にまとめました。

『少ない予算で、毎日、心地よく美しく暮らす36の知恵』

『無駄なく、豊かに、美しくいきる30のこと』の中から、より実践的な項目を選んで改稿。美しいものだけに囲まれるシンプルライフを。

自分を躾《しつ》ける

美しい大人になるための201のヒント

発行日　2019年１月30日　第１刷
　　　　2020年７月27日　第９刷

Author　加藤えみ子（文と絵）

Book Designer　石間　淳

Publication　株式会社ディスカヴァー・トゥエンティワン
〒102-0093　東京都千代田区平河町2-16-1 平河町森タワー11F
TEL　03-3237-8321（代表）　03-3237-8345（営業）
FAX　03-3237-8323
http://www.d21.co.jp

Publisher　谷口奈緒美

Publishing Company
蛯原昇　梅本翔太　千葉正幸　原典宏　古矢薫　佐藤昌幸　青木翔平
大竹朝子　小木曽礼丈　小田孝文　小山怜那　川島理　川本寛子
越野志絵良　佐竹祐哉　佐藤淳基　志摩麻衣　竹内大貴　滝口景太郎
直林実咲　野村美空　橋本莉奈　廣内悠理　三角真穂　宮田有利子
渡辺基志　井澤徳子　藤井かおり　藤井多穂子　町田加奈子

Digital Commerce Company
谷口奈緒美　飯田智樹　大山聡子　安永智洋　岡本典子　早水真吾
三輪真也　磯部隆　伊東佑真　王廳　倉田華　小石亜季　榊原僚
佐々木玲奈　佐藤サラ圭　庄司知世　杉田彰子　高橋離乃　辰巳佳衣
谷中卓　中島俊平　西川なつか　野﨑竜海　野中保奈美　林拓馬
林秀樹　牧野類　三谷祐一　元木優子　安永姫菜　中澤泰宏

Business Solution Company
蛯原昇　志摩晃司　藤田浩芳　野村美紀　南健一

Business Platform Group
大星多聞　小関勝則　堀部直人　小田木もも　斎藤悠人　山中麻吏
福田章平　伊藤香　葛目美枝子　鈴木洋子

Company Design Group
松原史与志　岡村浩明　井筒浩　井上竜之介　奥田千晶　田中亜紀
福永友紀　山田諭志　池田望　石光まゆ子　石橋佐知子　齋藤朋子
俵敬子　丸山香織　宮崎陽子

Proofreader　文字工房燦光
DTP　アーティザンカンパニー株式会社
Printing　日経印刷株式会社